Bibliografische Information der Deutschen Nationalbibliothek:

Die Deutsche Bibliothek verzeichnet diese Publikation in der Deutschen National-bibliografie; detaillierte bibliografische Daten sind im Internet über http://dnb.d-nb.de/ abrufbar.

Impressum:

Copyright © 2008 GRIN Verlag, Open Publishing GmbH
Druck und Bindung: Books on Demand GmbH, Norderstedt Germany
ISBN: 9783640637324

Dieses Buch bei GRIN:

http://www.grin.com/de/e-book/151748/schwarmintelligenzbasiertes-routing-in-mobilen-ad-hoc-netzen

Adrian Heißler

Schwarmintelligenzbasiertes Routing in mobilen Ad-hoc-Netzen

GRIN Verlag

GRIN - Your knowledge has value

Der GRIN Verlag publiziert seit 1998 wissenschaftliche Arbeiten von Studenten, Hochschullehrern und anderen Akademikern als eBook und gedrucktes Buch. Die Verlagswebsite www.grin.com ist die ideale Plattform zur Veröffentlichung von Hausarbeiten, Abschlussarbeiten, wissenschaftlichen Aufsätzen, Dissertationen und Fachbüchern.

Besuchen Sie uns im Internet:

http://www.grin.com/

http://www.facebook.com/grincom

http://www.twitter.com/grin_com

Bachelorarbeit

zur Erlangung des akademischen Grades

„Bachelor of Science in Engineering"

Schwarmintelligenzbasiertes Routing in mobilen Ad-hoc-Netzen

ausgeführt von

Adrian Heißler

Wien, im Januar 2008

Ausgeführt an der Fachhochschule Technikum Wien

Studiengang: BIC

Kurzfassung und Abstract

Kurzfassung

Ein mobiles Ad-hoc-Netzwerk (MANET) besteht aus mobilen Knoten, die über Funk miteinander kommunizieren. Da die Netzwerke von sehr hoher Dynamik geprägt sind, verfügen sie über keine Infrastruktur. Das bedeutet, dass sich die Knoten selbst organisieren und auch Routingfunktionalität übernehmen müssen. Die größte Herausforderung in einem solchen Netz ist das Auffinden von Pfaden zwischen den Kommunikationsendpunkten.

Ein Ansatz, dieses verteilte Routing zu bewerkstelligen, folgt dem Paradigma der Schwarmintelligenz und im Speziellen dem der sog. Ant-Colony-Optimization (ACO). Hierbei wird das kollektive Futtersuchverhalten von Ameisen nachgebildet, um einen Pfad durch ein Netzwerk zu finden.

In dieser Arbeit werden ausgewählte MANET-Routingprotokolle (OLSR, AODV, ARA, PERA, SWARM) beschrieben und mittels Softwaresimulation (NS-2 Network Simulator) einem Leistungsvergleich in verschiedenen Szenarios mit variierenden Parametern unterzogen. Dabei werden die Metriken Zustellrate, Verzögerung, Durchsatz sowie das Berechnen der optimalen Route herangezogen. Es wird gezeigt, dass die schwarmintelligenzbasierten Routingprotokolle eine vergleichbare Leistung wie etablierte robuste Protokolle zeigen.

Abstract

Mobile Ad Hoc Networks (MANETs) are networks without infrastructure. These kinds of networks consist of wireless mobile nodes which are organized in an autonomous fashion. Due to the highly dynamic topology, the routing problem is a challenging one.

Several protocols based on the swarmintelligence paradigm and especially on the ant colony optimization metaheuristic have been proposed. These protocols use ant-like agents to discover and maintain paths in a MANET.

In this paper several MANET routing protocols (OLSR, AODV, ARA, PERA, SWARM) will be compared and tested with the NS-2 network simulator.

Keywords: ad hoc networks, wireless networks, ad hoc network routing protocols

Inhaltsverzeichnis

1 Problem- und Aufgabenstellung

Ein mobiles Ad-hoc-Netzwerk (MANET) besteht aus einer Menge von Knoten, die über Funk miteinander kommunizieren. Knoten in einem MANET bewerkstelligen dies, indem sie sich, ohne über eine Infrastruktur zu verfügen, selbst organisieren. MANETs sind darüber hinaus Netzwerke, die von hoher Dynamik gekennzeichnet sind, diese Netze müssen daher flexibel auf Topologieänderungen reagieren.

Selbstorganisation bedeutet in einem MANET, dass die einzelnen Knoten auch Routingfunktionalität übernehmen müssen. Aufgrund der hohen Dynamik eines MANETs ist die Routingproblematik die größte Herausforderung in MANETs. Da Ad-hoc-Netzwerkknoten nur direkt mit Knoten, die sich in ihrer Reichweite befinden, kommunizieren können, müssen sie, um weiter entfernte Knoten erreichen zu können, miteinander bezüglich des Routings kooperieren.

Um die geforderte Knotenkooperation in einem MANET effizient gewährleisten zu können, kann man sich des Vorbilds des Verhaltens sozialer Insekten, wie z. B. Bienen oder Ameisen, bedienen. In solchen Schwärmen wird durch das Zusammenarbeiten relativ einfacher Individuen eine komplexe Aufgabe gelöst.

Für das Routing in Netzwerken ist besonders das Futtersuchverhalten von Ameisen interessant, da Ameisen sehr schnell kürzeste Pfade von ihrem Nest zu einer Futterquelle finden. So wurde eine Reihe von Routingalgorithmen entwickelt, die bei der Suche des kürzesten Pfades in einem Netzwerk auf diesem Schwarmintelligenz-Paradigma und im Besonderen auf der Ant-Colony-Optimization-Metaheuristik (ACO-Metaheuristik) basieren.

Im Rahmen dieser Arbeit wird untersucht, wie sich schwarmintelligenzbasierte MANET-Routingprotokolle im Vergleich mit etablierten MANET-Routingprotokollen bewähren.

2 Einleitung

Ad-hoc-Netzwerke sind kabellose, mobile Netzwerke ohne Infrastruktur, die jederzeit überall gebildet werden können. Die Kommunikation in einem solchen dezentralen Netzwerk erfolgt typischerweise über temporäre Multihop-Relays, wobei einige Knoten als Router agieren, ohne dass eine fixe Infrastuktur vorhanden ist.

Diese Art von Netzen ist sehr flexibel und kann dort sinnvollen Einsatz finden, wo es nur wenig oder gar keine Kommunikationsinfrastruktur gibt, beispielsweise bei Katastropheneinsätzen oder militärischen Operationen.

Doch das Multihop-Routing, die willkürlichen Knotenbewegungen und andere MANET-Eigenheiten bedeuten eine große Herausforderung für das Routing – das Hauptproblem in einem Netzwerk. Dazu kommen, verglichen mit einem herkömmlichen Netzwerk, weitere Einschränkungen wie z. B. begrenzte Energieressourcen oder Bandbreiten der Knoten. Es stellt sich also die Frage, wie die Routenfindung und -pflege in einer solch schwierigen Umgebung möglichst effizient gelöst werden kann.

Da zumindest seit dem Jahr 1973 auf dem Gebiet der MANETs geforscht wird, gibt es bereits eine Vielzahl von Routingalgorithmen, die speziell auf die Gegebenheiten von MANETs zugeschnitten worden sind. Einige basieren auf Routingmechanismen der tradionellen kabelgebundenen Netzwerke und versuchen, jederzeit Routinginformationen über alle Netzknoten zu verwalten, während reaktive Ansätze nur dann neue Routen zu finden versuchen, wenn benötigt.

Seit den 1990er-Jahren existiert eine neue Gruppe von Routingalgorithmen, die, vom Schwarmintelligenz-Paradigma inspiriert, einen neuen Ansatz zur Lösung von verteilten Optimierungsproblemen darstellen. Hierbei bildet man das natürliche Vorbild des kollektiven Verhaltens von sozialen Tiergesellschaften, wie z. B. das Futtersuchverhalten von Ameisenkolonien, auf mathematische Probleme wie das Finden eines kürzesten Pfades durch ein Netzwerk ab.

Ameisen sind in der Lage, innerhalb kurzer Zeit einen optimalen Pfad von ihrem Nest zu einer Futterquelle zu finden und zu erhalten. Schwarmintelligenz stellt also eine Grundlage dar, verteilte Optimierungsprobleme ohne das Vorhandensein einer zentralen Kontrollinstanz zu lösen.

Es gibt seit einigen Jahren einige Algorithmen, die sich die Eigenschaften von futtersuchenden Ameisen zunutze machen, um mit einfachen, ameisenähnlichen Agenten die in MANETs benötigten verteilten Verfahren zur Lösung der Routingproblematik zu verwirklichen.

In dieser Arbeit werden ausgewählte schwarmintelligenzbasierte Routingprotokolle (ARA, PERA, SWARM) und tradionelle Routingprotokolle (OLSR, AODV) näher beschieben und mittels NS-2 Netzwerk-Simulator in einer simulierten Umgebung einem Leistungsvergleich unterzogen.

Die Arbeit ist wie folgt aufgebaut:

In Kapitel 3 werden grundlegende Eigenschaften von MANETs sowie deren mögliche Anwendungsgebiete beschrieben. Danach wird genauer auf die Routingproblematik in mobilen Ad-hoc-Netzen eingeganen, es werden die Anforderungen an Routingalgorithmen benannt und eine grobe topologische Klassifikation der Protokolle wird erstellt. In Kapitel 3.3 wird dann das Schwarmintelligenz-Paradigma eingehend erläutert: Ausgehend von den natürlichen Vorbildern – im Falle dieser Arbeit sind dies Ameisenkolonien – wird beschrieben, wie Selbstorganisation und Schwarmkommunikation funktionieren. Darauf aufbauend wird das Konzept der Ameisenalgorithmen vorgestellt, im Speziellen der erste Vertreter dieser Algorithmusart: Ant System (AS).

In Kapitel 4 werden jene Routingprotokolle vorgestellt und näher beschrieben, die später einem Leistungsvergleich unterzogen werden: OLSR als Vertreter der proaktiven Protokolle, AODV als Vertreter der reakiven Protokolle sowie die schwarmintelligenzbasierten Protokolle ARA, PERA und SWARM.

In Kapitel 5 wird die Methodik, die dem praktischen Teil der Arbeit zugrunde liegt, erläutert. Zunächst wird ein grober Überblick über die Funktionalität des Netzwerk-Simulators NS-2 gegeben. Danach wird detailliert auf das Szenario der durchgeführten Simulation eingegangen, und die verwendeteten Metriken werden erläutert. Das Kapitel schließt mit einer kurzen Beschreibung der konkreten Simulationsimplementierung. Die Quelltexte der eigens für dieses Experiment erstellten Programme befinden sich im Anhang.

In Kapitel 6 werden die Ergebnisse der Simulation präsentiert.

Kapitel 7 schließt die Arbeit mit einer Zusammenfassung der vorgestellten Erkenntnisse und einem kurzen Ausblick ab.

3 Grundlagen

In diesem Kapitel werden kurz die Themenbereiche erläutert, die die Grundlagen für die nachfolgenden Kapitel darstellen. Zunächst werden die wichtigsten Eigenschaften und Anwendungsgebiete von mobilen Ad-hoc-Netzwerken beschrieben. Danach wird dargelegt, welche Anforderungen aufgrund der speziellen Eigenschaften von mobilen Ad-hoc-Netzwerken an Routingalgorithmen gestellt werden. Es folgt eine kurze Klassifikation der für Ad-hoc-Netzwerke üblichen Algorithmen. Den letzten Teil dieses Kapitels bildet das Thema Schwarmintelligenz: Behandelt werden relevante Bereiche wie die Selbstorganisation sozialer Insekten und die Kommunikation innerhalb eines Schwarmes sowie Ameisenalgorithmen – als der konkrete Teilbereich der Schwarmintelligenz, der die Grundlage für die zu untersuchenden schwarmintelligenzbasierten Routingprotokolle in dieser Arbeit darstellt.

3.1 Mobile Ad-hoc-Netzwerke

Ein mobiles Ad-hoc-Netzwerk (MANET) besteht aus mobilen Geräten (Knoten), die sich beliebig bewegen können. Jeder dieser Knoten besteht logisch gesehen aus einem Router, der mehrere Hosts und auch mehrere drahtlose Kommunikationsgeräte besitzen kann. Ein MANET ist ein autonomes System von mobilen Knoten. Ein solches Netzwerk besitzt keine feste Infrastruktur und muss sich selbst organisieren. Ein MANET kann isoliert operieren oder über Gateway-Router mit anderen Netzen verbunden sein (Corson & Macker 1999, S. 3).

3.1.1 Eigenschaften von mobilen Ad-hoc-Netzwerken

In der Literatur werden Ad-hoc-Netzwerke meist nach der Art, wie Knoten miteinander kommunizieren (single-hop oder multihop), unterschieden. Eine weitere Unterscheidung wird in flache oder hierarchische Netze vorgenommen (Perkins 2001, S. 43).

Bei Single-hop-Netzwerken befinden sich die Knoten in direkter Reichweite, d. h., zwei Knoten können direkt miteinander kommunizieren, ohne dass der Kommunikationsverkehr über andere Knoten weitergeleitet werden muss. In einem mobilen Multihop-Netzwerk hingegen muss der Kommunikationsverkehr zwischen einem Quell- und Zielknoten über Zwischenknoten weitergeleitet werden. Weil die einzelnen Knoten mobil sind, ist die Netztopologie ständigen Veränderungen ausgesetzt.

Da die Multihop-Topologie die vorherrschende Topologie in MANETs ist, wird im weiteren Verlauf dieser Arbeit nur noch auf mobile Multihop-Ad-hoc-Netzwerke eingegangen.

MANETs haben nach Corson & Macker (1999, S. 3f) folgende herausragende Eigenschaften:

Dynamische Topologie: Da sich Knoten frei bewegen können, kann sich die Netzwerktopologie zufällig und schnell zu unvorhersehbaren Zeiten ändern. Verbindungen zwischen Knoten können uni- oder bidirektional sein, und das Routing hat typischerweise Multihop-Charakter.

Bandbreitenbeschränkung, variable Verbindungskapazitäten: Drahtlose Verbindungen haben eine wesentlich niedrigere Kapazität als drahtgebundene Verbindungen. Außerdem ist der tatsächliche Durchsatz von drahtlosen Verbindungen meist niedriger als der maximal mögliche Wert einer Radiowellen-Übertragung. Das wird durch verschiedene Faktoren wie mehrfacher Zugriff auf das Medium, Hintergrundrauschen, Multihopping, die exponentielle Abschwächung des Signals sowie Interferenzen nahe gelegener, drahtloser Verbindungen hervorgerufen.

Energieabhängiger Betrieb: In einem MANET haben viele oder auch alle Knoten nur eine beschränkte Energiemenge zur Verfügung. Aus diesem Grund ist die Optimierung des Energieverbrauchs dieser Knoten das wichtigste Designkriterium.

Eingeschränkte physische Sicherheit: Drahtlose Netzwerke sind prinzipiell anfälliger gegenüber physikalischen Sicherheitsbedrohungen als drahtgebundene Netze. So besteht eine erhöhte Wahrscheinlichkeit, dass Pakete verworfen oder gefälscht werden, und auch „Denial of Service"-Attacken sind einfach durchzuführen. Oft werden Punkt-zu-Punkt-Sicherheitsverfahren verwendet, um die Sicherheitsbedrohung zu reduzieren. Als Vorteil eines MANETs kann jedoch der dezentralisierte Charakter gewertet werden. Das Netzwerk wird dadurch robuster gegen einzelne Knotenausfälle als bei zentralisierten Ansätzen.

3.1.2 Anwendungsgebiete

Die wichtigsten Anwendungsgebiete von MANETs sind generell Bereiche, in denen keine entsprechende Infrastruktur zur Verfügung steht und Netzwerke unterschiedlicher Größe schnell und dynamisch konfiguriert werden müssen. MANETs können nach Perkins (2001, S. 8–14) u. a. in folgenden Bereichen Anwendung finden:

Mobile Konferenz: Wenn sich die Benutzer von mobilen Computern außerhalb ihrer normalen Büroumgebung treffen, fehlt oft die nötige Netzwerkinfrastruktur, um eine Zusammenarbeit zu ermöglichen. Daher ist der Aufbau von Ad-hoc-Netzen zur Zusammenarbeit von Benutzern, die mobile Computer haben, sogar dann notwendig, wenn die Internetinfrastruktur schon vorhanden ist.

Heimnetzwerk: Wenn ein Benutzer einen mobilen Computer sowohl im Büro als auch zu Hause verwendet, ist es möglicherweise bequemer, zu Hause ein Ad-hoc-Netzwerk aufzubauen, um die IP-Adressen für den mobilen Computer nicht oft ändern zu müssen.

Katastrophensituationen: Typischerweise brechen die meisten auf drahtgebundenen Netzen basierenden Kommunikationsinfrastrukturen in Katastrophengebieten zusammen. Deswegen können sich Rettungsteams nicht auf eine vorhandene Kommunikationsinfrastruktur verlassen, sondern müssen diese selbst errichten. Hier ist meist keine exakte Planung im Voraus möglich und die Errichtung eines Kommunikationsnetzes muss sehr schnell und zuverlässig geschehen.

Personal Area Network (PAN) und Bluetooth: Hier wird auf sehr begrenztem Raum ein Netzwerk geschaffen, das aus Knoten besteht, die eng mit einer einzigen Person verbunden sind. Diese Geräte können beispielsweise am Gürtel der Person befestigt sein oder in der Handtasche transportiert werden. Diese Geräte müssen untereinander kommunizieren können, solange sie vom Benutzer benötigt werden. Mobilität wird ein entscheidendes Kriterium, wenn Interaktionen zwischen mehreren PANs erwünscht sind. Bluetooth bietet eine drahtlose Schnittstelle, über die sowohl mobile Kleingeräte wie Mobiltelefone und persönliche digitale Assistenten (PDAs) als auch Computer und Peripheriegeräte miteinander kommunizieren können. Hauptzweck von Bluetooth ist das Ersetzen von Kabelverbindungen zwischen solchen Geräten.

Eingebettete Computeranwendungen: Durch die fortschreitende Miniaturisierung von elektronischen Gegenständen sollen zukünftig verschiedenste Alltagsgegenstände mit eigener Rechenleistung ausgestattet sein, Sensoren besitzen und mit anderen Gegenständen kommunizieren, wobei sie sich nahtlos und unsichtbar zum Ziel der Unterstützung des Menschen in die Umwelt einfügen. Computer im Sinne dieses Ubiquitous Computing kommunizieren meist über ein mobiles Ad-hoc-Netz.

Sensor Dust: Ein Sensornetz besteht aus einer großen Anzahl von Sensorknoten – winzigen, drahtlos kommunizierenden Computern –, die in einem Ad-hoc-Netz zusammenarbeiten, um ihre Umgebung mittels Sensoren zu überwachen. Solche Sensornetze können beispielsweise detaillierte Informationen über Terrain- oder Umweltveränderungen bereitstellen. Eine weitere Einsatzmöglichkeit sind militärische Anwendungen.

Fahrzeugkommunikation: Ein sog. Vehicular Ad-hoc-Network (VANET) ist ein spezielles MANET, das die direkte Kommunikation zwischen Fahrzeugen ermöglicht. Dadurch können etwa Fahrzeugsicherheit und -komfort entscheidend verbessert werden. So kann z. B. die Kommunikation zwischen Fahrzeugen dazu benutzt werden, um aktive Sicherheitsservices, wie etwa Bremswarnungen, Kollisionswarnungen, aktuelle Verkehrs- und Wetterinformationen oder aktive Navigationssysteme, zu realisieren (Rybicki, Scheuermann, Kiess, Lochert, Fallahi & Mauve 2007, S. 215).

3.2 Routing in mobilen Ad-hoc-Netzwerken

Wie bereits gezeigt worden ist, sind Verbindungen zwischen Knoten in MANETs von hoher Dynamik und Zufälligkeit gekennzeichnet. Die einzelnen Knoten müssen daher selbst Routerfunktionen übernehmen, sich also um Routenfindung und -pflege kümmern.

Das Ziel eines Routingalgorithmus als Teil der Netzwerkschicht-Software eines Netzknotens ist es, aufgrund gewisser Metriken (z. B. Hop-Anzahl, Bandbreite, Verzögerung, Zuverlässigkeit, Energieverbrauch) zu entscheiden, über welchen Pfad Pakete an ein bestimmtes Ziel gelangen sollen.

3.2.1 Anforderungen an MANET-Routingprotokolle

Um die Leistung eines MANET-Routingprotokolls bewerten zu können, werden eine Reihe von qualitativen und quantitativen Metriken herangezogen. Diese Metriken müssen unabhängig vom verwendeten Routingprotokoll sein. Corson & Macker (1999, S. 6f) nennen folgende wünschenswerte qualitative Eigenschaften eines MANET-Routingprotokolls:

Verteilte Verfahren: Aufgrund der hohen Dynamik in MANETs sind Verfahren mit zentraler Steuerung für diese Netze ungeeignet.

Schleifenfreiheit: Dies ist generell eine wünschenswerte Eigenschaft, um Probleme wie z. B. Pakete, die eine willkürliche Zeit im Netz herumwandern, zu vermeiden.

Sicherheit: Die Sicherheit spielt in mobilen Ad-hoc-Netzwerken, allein schon aufgrund der Kommunikation per Funk eine wichtige Rolle. Die Funkkommunikation kann wesentlich einfacher abgehört, manipuliert oder umgeleitet werden als die Kommunikation in Festnetzen. Daher sind ausreichende Sicherungsmaßnahmen erforderlich, um Störung oder Modifikation des Protokollbetriebs zu verhindern.

Schlafperioden: Da Knoten in MANETs oft beschränkte Energieressourcen haben, können Knoten, um Energie zu sparen, den Versand oder Empfang von Paketen für eine Dauer einstellen. Ein MANET-Routingprotokoll muss solche Schlafperioden berücksichtigen können, ohne dass daraus allzu große Nachteile entstehen.

Unidirektionale Verbindungen: Mobile Knoten in MANETs verfügen über unterschiedliche Sende- und Empfangseinheiten. Daher sind asymmetrische Verbindungen möglich, d. h., der Transport von Paketen muss auf unterschiedlichen Hin- und Rückwegen abgewickelt werden können.

Außerdem gibt es eine Reihe quantitativer Metriken eines Routingprotokolls, wie Ende-zu-Ende-Datendurchsatz und -Verzögerung, Routenfindungszeit oder Effizienz (Corson & Macker 1999, S. 8).

3.2.2 Kategorien von Ad-hoc-Routingprotokollen

Bezüglich des Aspekts der Topologie eines Netzwerks unterscheidet man Routingalgorithmen nach der Art und Weise, wie Routinginformationen im Netz gesammelt und verteilt werden. Es existieren drei Kategorien: proaktive und reaktive (Royer & Toh 1999, S. 46) sowie hybride Routingalgorithmen (Perkins 2001, S. 221).

Proaktive Routingalgorithmen: Verfahren dieser Klasse werden auch tabellenbasierte Routingalgorithmen genannt. Sie bestimmen bereits die zu verwendenden Pfade zwischen zwei Knoten, bevor diese für die Übertragung von Nutzdaten benötigt werden. Sollen dann Nutzdaten verschickt werden, so muss nicht auf die Bestimmung des Pfads zum Zielknoten gewartet werden. Da proaktive Routingalgorithmen kontinuierlich Routinginformationen sammeln und im Netz an alle Knoten verteilen müssen, damit die Knoten über aktuelle Routinginformationen verfügen, haben Verfahren dieser Klasse einen hohen Overhead. Ein Beispiel für ein Protokoll aus dieser Klasse ist „Optimized Link State Routing"(OLSR), das in Kapitel 4.1 näher erläutert wird.

Reaktive Routingalgorithmen: Verfahren dieser Klasse werden auch On-Demand Routingalgorithmen genannt, da im Gegensatz zu den proaktiven Verfahren reaktive Routingverfahren die benötigten Pfade zwischen zwei Knoten erst dann bestimmen, wenn Nutzdaten übertragen werden sollen. Daraus ergibt sich, dass das erste Datenpaket einer

Verbindung mit Verzögerung versendet werden kann, da zunächst auf den Abschluss der Routenbestimmung gewartet werden muss. Dafür werden allerdings auch nur Kontroll-pakete versendet, wenn Nutzdaten verschickt werden und dies zur Routenbestimmung notwendig ist. Ein Beispiel für ein Protokoll aus dieser Klasse ist „Ad Hoc On-Demand Distance Vector"(AODV), auf das in Kapitel 4.2 genauer eingegangen wird.

Hybride Routingalgorithmen: Hybride Verfahren kombinieren proaktive und reaktive Routingverfahren. Ein Protokoll aus dieser Klasse ist nach Perkins (2001, S. 221–253) etwa das „Zone Routing Protocol" (ZRP).

3.3 Schwarmintelligenz

Unter dem Ausdruck Schwarmintelligenz versteht man nach Bonabeau, Dorigo & Theraulaz (1999, S. 7) jede Art von Algorithmen und verteilten Lösungsansätzen, die durch das kollektive Verhalten von sozialen Insektenkolonien oder anderen sozialen Tiergemeinschaften inspiriert ist. Es handelt sich dabei um ein sogenanntes emergentes Phänomen: durch Kommunikation innerhalb einer Gemeinschaft kommt es zu einem intelligenten Verhalten des Superorganismus, also aller Mitglieder. Schwärme, die in der Natur vorkommen und ein solch intelligentes Verhalten aufweisen, sind z. B. Ameisen, Termiten, Vögel oder Bienen. Beispiele für Aufgaben, die durch derartiges rationales Gruppen-Handeln gelöst werden können, sind Nestpflege oder Futtersuche. Das herausragende Merkmal bei diesem Verhalten ist, dass innerhalb des Schwarms keine zentrale Steuerungsinstanz existiert. Die Tiere müssen sich ohne das Vorhandensein einer Kontrollinstanz selbst organisieren.

3.3.1 Selbstorganisation sozialer Insekten

Selbstorganisation ist eine Reihe von dynamischen Mechanismen, durch die Strukturen auf globaler Ebene eines Systems durch Interaktionen zwischen seinen Teilen auf unterer Ebene hervorgerufen werden. Die Regeln, welche die Interaktion zwischen den einzelnen Systemkomponenten spezifizieren, werden allein aufgrund von lokalen Informationen ausgeführt, ohne die Einbeziehung von globalen Zielen (Bonabeau et al. 1999, S. 6).

Beispielsweise beinhalten die emergenten Strukturen bei der Futtersuche von Ameisen zeitlich-räumlich organisierte Netzwerke aus Pheromonspuren (die bekannten, auf biochemischen Botenstoffen basierenden Ameisenstraßen). Die Selbstorganisation ist im Fall der Futtersuche einer Ameisenkolonie durch vier grundlegende Funktionen bestimmt (Bonabeau et al. 1999, S. 9–12):

Positive Rückkoppelung: Die positive Rückkoppelung beeinflusst die Selbstorganisation grundlegend. Einfache Verhaltensregeln fördern die Erschaffung von neuen Strukturen. Beispiele für positive Verstärkung sind das Rekrutieren von Ameisen im Nest oder die Verstärkung von Pheromonspuren.

Negative Rückkoppelung: Negative Rückkoppelung ist das Gegengewicht zur positiven Rückkoppelung und hilft, das gesamte System zu stabilisieren. Negative Verstärkung im Falle der Ameisen-Futtersuche kann von der limitierten Anzahl der futtersuchenden Ameisen, Verknappung der Nahrungsquellen oder dem Wettbewerb um verschiedene Nahrungsquellen herrühren.

Verhaltensfluktuationen: Durch Fluktuationen (wie beispielsweise zufällige Wege, Fehler, zufällige Aufgabenwechsel) werden nicht nur zufällig neue Strukturen gebildet, sondern es wird auch die Entdeckung von neuen Problemlösungen ermöglicht. Beispiel hierfür ist das Sich-Verirren von Ameisen, das gleichzeitig auch das Entdecken neuer, bisher unbekannter Wege möglich macht.

Interaktion zwischen Individuen: Auch ein einzelnes Individuum kann eine selbstorganisierte Struktur, wie beispielsweise einen stabilen Pfad, erzeugen. Dies ist unter der Voraussetzung, dass das Pheromon eine ausreichende Lebensdauer hat, möglich, da dadurch das Folgen des Pfades mit dem Pfadlegen interagiert. Eine effiziente Wegsuche wird aber erst durch das Zusammenarbeiten mehrerer Individuen erreicht.

3.3.2 Schwarmkommunikation

Selbstorganisation in einem Schwarm erfordert meistens Interaktion zwischen den Individuen. Man unterscheidet im Allgemeinen zwei Arten der Kommunikation (Bonabeau et al. 1999, S. 14):

Direkte Kommunikation : Die Individuen befinden sich in direkter Reichweite. Beispiele für direkte Interaktion sind Berührung, Austausch von Nahrung oder Flüssigkeit, Sichtkontakt.

Indirekte Kommunikation : Zwei Individuen interagieren durch Modifikation der Umgebung miteinander (Stigmergie). Man unterscheidet weiter in sematektonische Stigmergie und zeichenbasierte Stigmergie. Bei der sematektonischen Stigmergie beeinflusst der augenblickliche Zustand der Aufgabenerfüllung (z. B. der Stand des Nestbaus) das Verhalten der Individuen. Bei der zeichenbasierten Stigmergie wird hingegen über aufgabenunabhängige Zeichen (z. B. Pheromone), die in der Umwelt platziert wurden, kommuniziert.

3.3.3 Ameisenalgorithmen

Ameisen-basierte Algorithmen oder „Ant Colony Optimization"-Algorithmen (ACO), als Teilbereich der Schwarmintelligenz, gehören zu den Metaheuristiken für Verfahren der kombinatorischen Optimierung, die auf dem modellhaften Verhalten von realen Ameisen bei der Futtersuche basieren. Diese ACO-Algorithmen wurden zuerst auf das Problem des Handelsreisenden (Traveling Salesman Problem, TSP), später auf andere Optimierungsprobleme wie das „Quadratic Assignment Problem" (QAP) angewandt (Bonabeau et al. 1999, S. 25).

Natürliche Ameisen

Wie in Abschnitt 3.3.1 ausgeführt, findet die Futtersuche von natürlichen Ameisen mit Hilfe von Pheromon-markierten Ameisenstraßen statt. Ameisen, die einen Weg von ihrem Nest zu einer Futterquelle suchen, sondern laufend Pheromon auf den Boden ab. Nachfolgende Ameisen wählen bei Wegentscheidungen mit einer höheren Wahrscheinlichkeit den Weg, auf dem bereits mehr Pheromon hinterlassen wurde. Ameisen können nun einen kürzesten Weg zwischen Nest und Quelle finden, weil die kürzeren Wege schneller durchlaufen werden können und so schneller eine Pheromonmarkierung erhalten als die längeren. Da mehr Ameisen über einen stärker markierten Weg laufen, wählen auch ihre Nachfolger mit höherer Wahrscheinlichkeit den stärker frequentierten und markierten Weg. Dadurch verstärkt sich die Anziehungskraft des kürzeren Weges immer weiter, bis näherungsweise eine direkte Verbindung zwischen Nest und Futterquelle entstanden ist (Bonabeau et al. 1999, S. 28f).

Algorithmen mit künstlichen Ameisen

Die Fähigkeit der Ameisen, einen kürzesten Weg zu konstruieren, wurde erstmals als Ant System (AS) auf das TSP übertragen (Bonabeau et al. 1999, S. 41–46). Beim TSP geht es darum, die kürzeste Route durch eine Anzahl von n Städten zu finden, ohne dabei eine Stadt mehrfach zu besuchen.

Im Unterschied zu ihren natürlichen Vorbildern haben künstliche Ameisen erweiterte Fähigkeiten. Sie verfügen über ein Gedächtnis (die sog. Tabu-Liste), da sie sich merken müssen, welche Stadt sie bereits besucht haben. Außerdem sind sie nicht nahezu blind, sondern können die Entfernung zu den einzelnen Städten erkennen und sich an diesem heuristischen Kriterium (die sog. Sichtbarkeit) orientieren.

In AS wird jede Ameise k initial in einer zufällig gewählten Stadt platziert. Es wird empfohlen, die Gesamtanzahl der Ameisen $m = n$ zu setzen. Ausgehend vom Start wandern die Ameisen von Stadt zu Stadt, bis die Tour beendet ist. Während jeder Iteration des AS-Algorithmus konstruiert jede Ameise k, $k = 1, \ldots, m$ eine Tour mit n Schritten, in der eine Übergangsregel angewendet wird. Die Iterationen werden durch t, $1 \leq t \leq t_{max}$ indiziert, wobei t_{max} die maximale, vom Benutzer anzugebende Anzahl an Iterationen ist.

Die Übergangsregel, also die Wahrscheinlichkeit für eine Ameise k von Stadt i zu einer noch nicht besuchten Stadt j zu wandern, während sie ihre t-te Tour konstruiert, lautet

$$p_{ij}^k(t) = \frac{[\tau_{ij}(t)]^\alpha \cdot [\eta_{ij}]^\beta}{\sum_{l \in J_i^k} [\tau_{il}(t)]^\alpha \cdot [\eta_{il}]^\beta} \tag{1}$$

wobei t die aktuelle Runde ist, $\eta_{ij} = \frac{1}{d_{ij}}$ die Sichtbarkeit[1] ist und $\tau_{ij}(t)$ die Pheromonspur[2] ist,

---

[1] Der Wert, der die Sichtbarkeit repräsentiert, ist statisch, basiert ausschließlich auf lokalen Informationen und stellt die *heuristische Attraktivität* der Auswahl einer Stadt j dar.

[2] Der Wert, der die Pheromonspur repräsentiert, ist dynamisch und stellt die *gelernte Attraktivität* der Auswahl einer Stadt j dar.

α und β zwei Parameter sind, die das relative Gewicht der Pheromonspur und der Sichtbarkeit bestimmen und J_i^k die Liste der noch zu besuchenden Städte der k-ten Ameise ist. Wenn $\alpha = 0$, sind die Auswahlwahrscheinlichkeiten proportional zu $[\eta_{ij}]^\beta$ und die nächste Stadt wird mit höherer Wahrscheinlichkeit gewählt. Wenn $\beta = 0$, wird nur die Pheromonverstärkung als Parameter herangezogen, was zu rascher Stagnation (alle Ameisen wählen denselben Pfad und konstruieren dieselbe Lösung) führt und insofern nicht optimal ist. Daher ist ein Kompromiss zwischen Tourlänge und Pheromonintensität wichtig.

Die Lösungskonstruktion endet, nachdem jede Ameise eine Tour beendet hat, also nachdem jede Ameise eine Sequenz der Länge n konstruiert hat. Als nächstes werden die Pheromonspuren aktualisiert. In AS wird dies realisiert, indem zuerst die Pheromonspur um einen konstanten Faktor (die Pheromonverdunstung) reduziert wird und dann alle Ameisen Pheromon auf den Kanten, die zu ihrer Tour gehören, platzieren:

$$\tau_{ij}(t) \leftarrow (1 - \rho) \cdot \tau_{ij}(t) + \sum_{k=1}^{m} \Delta \tau_{ij}^k(t) \tag{2}$$

wobei ρ, $0 < \rho \leq 1$ der Pheromon-Verdunstungsfaktor ist, m die Anzahl der Ameisen und τ_{ij} die Intensität der Spur zwischen der Stadt i und j zum Zeitpunkt t ist. Der Parameter ρ wird verwendet, um ein unbeschränktes Ablagern der Pheromonspuren zu verhindern und dem Algorithmus das „Vergessen" von vorhergegangenen schlechten Entscheidungen zu ermöglichen. Auf Kanten, die nicht von Ameisen gewählt werden, verflüchtigt sich die Pheromonkonzentration exponentiell mit der Anzahl der Iterationen. $\Delta \tau_{ij}^k(t)$ ist die Pheromonmenge, die eine Ameise k auf den Kanten platziert, sie ergibt sich aus der Formel:

$$\Delta \tau_{ij}^k(t) = \begin{cases} Q/L^k(t) & \text{wenn } (i, j) \in T^k(t) \\ 0 & \text{wenn } (i, j) \notin T^k(t) \end{cases} \tag{3}$$

wobei $T^k(t)$ die Tour der k-ten Ameise bei Iteration t ist, $L^k(t)$ ihre Länge und Q eine Konstante ist[3]. Gleichung (3) zeigt, dass umso mehr Pheromon auf Kanten, die zur Tour gehören, abgelagert wird, je kürzer die Tour einer Ameise ist. Dadurch werden diese Kanten in zukünftigen Iterationen des Algorithmus mit höherer Wahrscheinlichkeit ausgewählt.

Auf einer hohen Abstraktionsebene kann AS wie in Algorithmus 1 ausgeführt, beschrieben werden. Die Komplexität von AS is $O(t \cdot n^2 \cdot m)$, wobei t die Anzahl der durchgeführten Iterationen ist. Wenn $m = n$, also die Anzahl der Ameisen gleich der Anzahl der Städte ist, ist die Komplexität $O(t \cdot n^3)$ (vgl. Bonabeau et al. 1999, S. 44).

Da AS im Vergleich mit spezialisierten Algorithmen nur für TSP-Probleme mit kleinem n gute Ergebnisse liefert, wurde das Verfahren mehreren Verbesserungen, wie Ant Colony System (ACS) oder Max-Min AS, unterzogen. Es konnte gezeigt werden, dass diese verbesserten ACO-Algorithmen beispielsweise gegenüber Genetischen Algorithmen oder Neuronalen Netzen konkurrenzfähig sind bzw. teilweise sogar bessere Ergebnisse erzielen (Bonabeau et al. 1999, S. 46–55).

---

[3]Obwohl Q das endgültige Ergebnis nur marginal beeinflusst, sollte es mit einem Wert, welcher der optimalen Tourlänge entspricht, angenommen werden. Dieser Wert kann unter anderem durch eine einfache „Nächster-Nachbar-Heuristik" gefunden werden.

Algorithmus 1 Vereinfachte Beschreibung von AS-TSP

1: /* Initialisierung */

2:

3: /* Hauptschleife */

4: **for** $t = 1$ to t_{max} **do**

5:    **for** $k = 1$ to m **do**

6:       Erstelle die Tour $T^k(t)$ indem folgender Schritt $n-1$-mal ausgeführt wird:
      Wähle die nächste Stadt j mit Wahrscheinlichkeit wie in Formel (1) angegeben aus,
      wobei i die momentane Stadt ist

7:    **end for**

8:    **for** $k = 1$ to m **do**

9:       Berechne Länge $L^k(t)$ der Tour $T^k(t)$, die von der Ameise k produziert wurde

10:    **end for**

11:    **if** eine verbesserte Tour gefunden wurde **then**

12:       Aktualisiere die kürzeste Tour T^+ und ihre Länge L^+

13:    **end if**

14:    **for** jede Kante (i,j) **do**

15:       Aktualisiere Pheromonspuren durch Anwenden der Regel laut Formel (2)

16:    **end for**

17: **end for**

18: **Print** die kürzeste Tour T^+ und ihre Länge L^+

19: **Stop**

3.4 Fazit

In diesem Kapitel wurden die Eigenschaften und einige Anwendungsgebiete mobiler Ad-hoc-Netze erläutert. Es wurde gezeigt, dass aufgrund der speziellen MANET-Eigenschaften, wie z. B. Knotenmobilität, beschränkte Bandbreite etc., besondere Anforderungen an robuste Routingprotokolle in solchen Netzwerken bestehen. Desweitern wurden die Begriffe Schwarmintelligenz und -kommunikation beschrieben und mit den Ameisenalgorithmen als besonderem Teilaspekt der Schwarmintelligenz eine spezielle Form von Algorithmen zum Finden von kürzesten Pfaden in einem Netzwerk definiert.

---

4 Ausgewählte Routingprotokolle für Mobile Ad-hoc-Netzwerke

In diesem Kapitel werden einige Routingprotokolle näher beschrieben. Zunächst werden die zwei etablierten Protokolle OLSR und AODV erläutert, danach folgen die Beschreibungen der schwarmintelligenzbasierten Routingprotokolle ARA, PERA und SWARM.

4.1 OLSR

Wie in Abschnitt 3.2.2 klassifiziert worden ist, gehört OLSR zu den proaktiven Routing-protokollen. Es stellt eine für MANETs optimierte Version des Link-State-Routing (vgl. Tanenbaum 2003, S. 360–366) dar. OLSR ist als experimentelles RFC 3626 (Clausen & Jacquet 2003) von der IETF spezifiziert worden.

Die erwähnte Optimierung betrifft v. a. das Fluten (Tanenbaum 2003, S. 355–357) von Kon-trollnachrichten. Diese Nachrichten werden nicht von allen Knoten weitergeleitet, sondern von einer Teilmenge, den sog. Multipoint Relays (MPRs). Dadurch wird die Wahrscheinlichkeit von Kollisionen vermindert und die benötigte Bandbreite reduziert.

Das OLSR-Protokoll besteht aus drei wesentlichen Teilen:

- Neighbour Sensing
- Neighbor Detection
- Topology Discovery

Neighbour Sensing

Da Verbindungen in Ad-hoc-Netzen entweder unidirektional oder bidirektional sein können und OLSR nur zweitere akzeptiert, wird ein Mechanismus benötigt, um den Verbindungsstatus fest-stellen zu können. OLSR verwendet dafür u.a. sog. HELLO-Nachrichten, die periodisch an alle unmittelbaren 1-Hop-Nachbarn gesendet werden. Wenn ein Knoten B eine HELLO-Nachricht von Knoten A erhält, registriert B die Verbindung zur Quelle zunächst als asymmetrisch. B sendet nun an A eine HELLO-Nachricht, in der signalisiert wird, dass Knoten B Knoten A als asymmetrisch makiert hat. Wenn Knoten A diese Nachricht erhält, setzt er nun die Verbin-dung zu Knoten B in seiner Routingtabelle auf symmetrisch. Schlussendlich sendet Knoten A eine HELLO-Nachricht an Knoten B, die diesem signalisiert, dass Knoten A Knoten B als symmetrisch markiert hat. Nun ändert auch Knoten B den Status der Verbindung zu A auf symmetrisch. Beide Knoten wissen nun, dass der jeweils andere aktiv ist und zwischen ihnen eine bidirektionale Verbindung besteht (Clausen & Jacquet 2003, S. 35ff).

Neighbor Detection

Das Konzept der MPRs ist die Schlüsselidee hinter OLSR, um den Routing-Overhead zu reduzieren.

Jeder Knoten wählt aus den durch das Neighbor-Sensing gewonnenen 1-Hop-symmetrischen-Nachbarknoten bestimmte Knoten aus, die Kontrollverkehr weiterleiten dürfen. Diese Teilmenge, das sog. MPR-Set, beinhaltet alle Knoten, die zwei Hops entfernt sind. Die 2-Hop-symmetrischen-Nachbarn werden durch HELLO-Nachrichten ermittelt, da jede HELLO-Nachricht alle Nachbarn des Knotens enthält. Nur Nachbarn mit einer bestimmten Bereitschaft (*Willingness*) können als MPR ausgewählt werden. Das Konzept des MPR-Flutens wird in Abbildung 1 veranschaulicht. Zusätzlich wird von jedem Knoten ein MPR-Selector-Set erstellt, das alle Nachbarn enthält, die den Knoten als MPR ausgewählt haben (Clausen & Jacquet 2003, S. 38f).

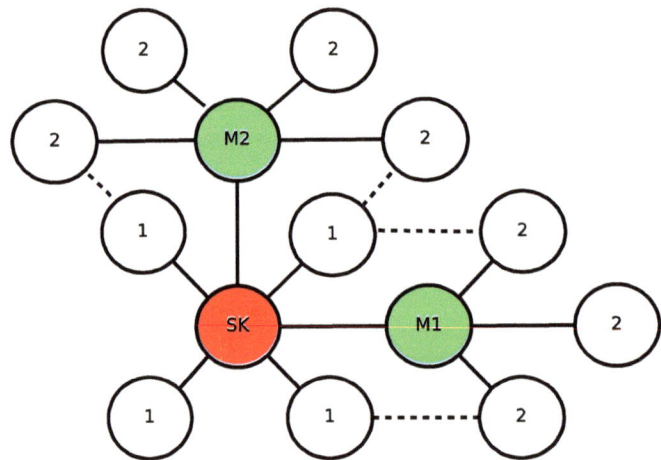

Abb. 1: Knoten SK sendet nur direkt an seine 1-Hop-Nachbarn ($M1$ und $M2$). Alle 2-Hop-Nachbarn werden über diese MPR-Knoten erreicht. Die gestrichelten Linien stellen die Verbindungen dar, die bei normalem Fluten zusätzlich nötig wären.

Ein Knoten wählt nun MPRs pro Interface derart aus, dass jeder 2-Hop-Nachbar des Knotens durch mindestens ein MPR erreichbar sein muss. Es wird nicht zwingend vorausgesetzt, dass die Menge der MPRs minimal ist. Die Auswahl eines MPRs kann durch eine einfache Heuristik berechnet werden (Clausen & Jacquet 2003, S. 39ff).

Topology Discovery

Um weitere Informationen über andere Knoten zu erhalten, versendet jeder Knoten periodisch sog. TC-Nachrichten (Topology Control Messages) durch MPR-Fluten. Diese TC-Nachrichten enthalten zumindest das MPR-Selector-Set des Knotens. Mit Hilfe der TC-Nachrichten kann sich jeder Knoten im Netzwerk eine sog. Topologietabelle erstellen. Darin werden die Informationen über die MPRs aller anderen Netzwerkknoten für beschränkte Zeit gespeichert.

Um Routen zu berechnen, wird ein Kürzester-Pfad-Algorithmus verwendet. Da die Routingtabelle nur auf Informationen basiert, die aus lokalen Verbindungsinformationen und dem

Topologieset gewonnen werden, muss sie bei Änderungen aktualisiert werden (Clausen & Jacquet 2003, S. 47).

4.2 AODV

AODV gehört zu den reaktiven Protokollen und baut auf dem Distanzvektor-Verfahren (vgl. Tanenbaum 2003, S. 357–360) auf. Es wurde speziell für MANETs angepasst. AODV ist als experimentelles RFC 3561 (Perkins, Belding-Royer & Das 2003) von der IETF spezifiziert worden.

AODV ermittelt Pfade durch das Netzwerk erst dann, wenn eine Datenübertragung ansteht. Beim AODV-Verfahren verwaltet jeder Knoten eine Tabelle, die Information über jeden Nachbarn enthält, über den ein gewünschtes Ziel erreicht werden kann. Das Schlüsselkriterium von AODV sind sog. Sequenznummern, die von den jeweiligen Zielknoten, gemeinsam mit anderen Routinginformationen, erstellt und an die Quellknoten versendet werden. Durch diese Sequenznummern werden die Probleme des herkömmlichen Distanzvektor-Routings behoben, da so Schleifenfreiheit garantiert und das „Count-to-Infinity"-Problem (vgl. Tanenbaum 2003, S. 359f) behoben wird. Ein sendender Knoten, der zwischen zwei Routen zu einem Ziel wählen muss, wählt immer die Route mit der höheren Sequenznummer (Perkins et al. 2003, S. 2f).

AODV definiert u. a. drei Kontrollnachrichtentypen, um Pfade berechnen und pflegen zu können (Perkins et al. 2003, S. 7–10):

RREQ: Wenn eine Route zu einem gewünschten Ziel nicht verfügbar ist, wird eine „Route-Request"-Nachricht im Netzwerk geflutet.

RREP: Wenn ein Knoten entweder das gewünschte Ziel ist oder eine Route zum gewünschten Ziel hat, sendet er per Unicast eine „Route-Reply"-Nachricht zurück zur Quelle. Unicast ist hier möglich, da alle Knoten, die RREQ weitergeleitet haben, einen Pfad zur Quelle gespeichert haben.

RERR: Wenn eine Verbindung über einen aktiven Pfad zusammenbricht, senden die Knoten an beiden Enden der Verbindung eine „Route-Error"-Nachricht, um alle ihre Nachbarn über die fehlerhafte Verbindung zu informieren. Dazu speichert jeder Knoten eine Liste seiner Vorgängerknoten, die die Adressen jener Knoten enthät, die diesen Knoten für eine Weiterleitung benutzen.

Route Discovery

Die Routenfindung findet in zwei Etappen statt. Zuerst wird, beginnend beim Quellknoten, der Weg ermittelt, der vom Zielknoten zum Quellknoten führt (sog. *Reverse-Path-Setup*). Danach wird über dieselben Stationen der Weg vom Quellknoten zum Zielknoten aufgebaut (sog. *Forward-Path-Setup*). Dadurch steht eine bidirektionale Verbindung zwischen Quelle und Ziel zur Verfügung (Perkins et al. 2003, S. 14–21). Abbildung 2 beschreibt den Prozess der Routenfindung.

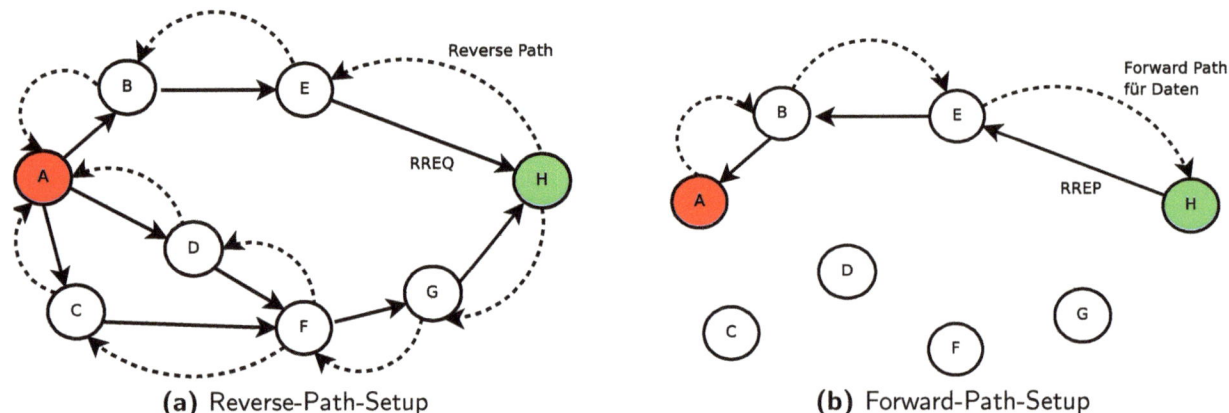

(a) Reverse-Path-Setup   **(b)** Forward-Path-Setup

Abb. 2: Knoten A möchte mit Knoten H kommunizieren. Dazu versendet er RREQ an alle Nachbarknoten, die dieses Paket ihrerseits per Broadcast weiterleiten. Dabei erstellen die Knoten Reverse-Route-Einträge in ihren Routingtabellen, damit später festgestellt werden kann, wie ein eventueller RREP zu Knoten A weitergleitet werden kann (a). Wenn RREQ Knoten H erreicht hat, sendet dieser RREP per Unicast über den kürzesten Weg an Knoten A zurück. Dabei werden die Knoten, von denen jeweils RREQ gesendet worden ist, als Next-Hop verwendet. Sobald RREP Knoten A erreicht hat, ist der Forward-Path erstellt (b).

Route Maintenance

Wenn der Quellknoten seine Position ändert, sendet er einen neuen RREQ, um eine neue Route zum Zielknoten zu finden. Wenn ein auf dem Forward-Path liegender Knoten die Position ändert, erkennt sein Vorgänger das und sendet RERR so lange an seine Vorgänger-Nachbarn, bis der Quellknoten informiert worden ist. Nachdem der Quellknoten über den Fehler informiert worden ist, kann dieser einen neuen Routenfindungsprozess starten (Perkins et al. 2003, S. 24f).

Ein Knoten kann außerdem eine lokale Verbindungspflege betreiben, indem er periodisch HELLO-Nachrichten per Broadcast versendet (Perkins et al. 2003, S. 23f).

4.3   ARA

Ant-Routing Algorithm (ARA) basiert auf dem in Kapitel 3.3 vorgestellten Paradigma Schwarmintelligenz und im Besonderen auf der ACO-Metaheuristik (Günes, Kähmer & Bouazizi 2002). ARA besteht aus drei Phasen:

- Route Discovery
- Route Maintenance
- Route Failure Handling

Route Discovery

In dieser Phase werden neue Routen zwischen Quell- und Zielknoten gefunden. Dies wird durch zwei Typen von Agenten – Vorwärtsameise (FANT) und Rückwärtsameise (BANT) – bewerkstelligt. Die FANT legt auf ihrem Weg eine Pheromonspur zur Quelle, während die BANT eine Pheromonspur zum Ziel erstellt. Diese Agenten werden mittels Sequenznummer-Quelladresse-Kombination eindeutig identifiziert. Dadurch wird außerdem Schleifenbildung verhindert. Der Prozess der Routenfindung wird in Abbildung 3 dargestellt. Abbildung 3a zeigt die Erstellung der Pheromonspur zurück zu Quelle A. Die FANT erstellt bei Knoten D nur eine Pheromonspur zur Quelle, aber die BANT erstellt zwei in Richtung Ziel (Abbildung 3b). Dadurch unterstützt ARA Multipath-Routing. Die Wegwahl beim Datentransport wird aufgrund der Pheromonkonzentration eines Weges getroffen. So wird bei Knoten D die Pheromonkonzentration $e(D, E)$ dazu verwendet, die Übergangswahrscheinlichkeit $P_{E,D}$ für Knoten $E \in N_D$ als nächsten Hop zu berechnen, wobei N_D die Menge der 1-Hop-Nachbarn von D ist.

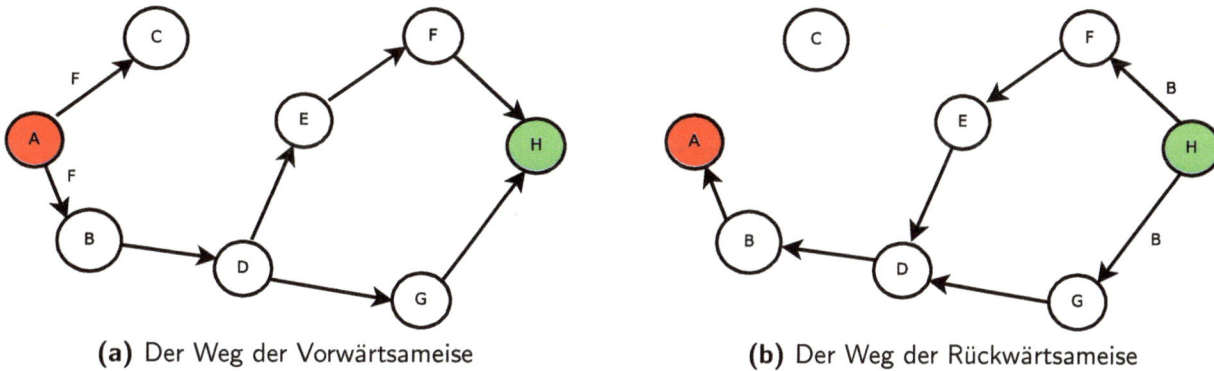

(a) Der Weg der Vorwärtsameise   (b) Der Weg der Rückwärtsameise

Abb. 3: Eine FANT (F) wird vom Quellknoten A per Broadcast in Richtung des Zielknotens H gesendet. Dadurch wird im Netz eine Pheromonspur in Richtung des Quellknotens ausgelegt (a). Der Zielknoten schickt eine BANT (B) per Broadcast als Antwort an den Quellknoten. Analog zu der Aufgabe der FANT legt die BANT eine Pheromonspur in Richtung des Zielknotens aus (b).

Route Maintenance

In der Phase der Pfadpflege werden vorhandene Routen gewartet und verbessert. ARA benötigt hierzu keine speziellen Wartungspakete. Sobald die FANT und die BANT Pheromonspuren ausgelegt haben, wird die Pfadpflege mittels Datentenpaketen durchgeführt. Wie in Kapitel 3.3.1 ausgeführt, ändert sich bei den natürlichen Ameisen die Pheromonkonzentration, abhängig von der Wegnutzung, dynamisch. Ähnliches passiert bei ARA. Wenn, wie in Abbildung 3 dargestellt, Knoten B ein Datenpaket mit Zielknoten H an Knoten D weiterleitet, erhöht B die Pheromonkonzentration der Kante $e(B, D)$, also den Pheromonwert des Eintrags (H, D) in seiner Routingtabelle, der Pfad über diesen Knoten wird durch das Datenpaket verstärkt. Außerdem verstärkt Knoten D den Pheromonwert des Eintrags (A, B), wodurch auch der Rückwärtspfad in Richtung Quelle verstärkt wird (Günes et al. 2002, S. 82). Der Verflüchtigungsprozess der Pheromone wird ähnlich dem Vorbild der realen Pheromone durchgeführt.

Route Failure Handling

ARA erkennt Routingfehler auf MAC-Ebene durch ein fehlendes ACK. Wenn ein Knoten eine Fehler-Nachricht für einen bestimmten Nachbarknoten erhält, deaktiviert er diese Verbindung durch Nullsetzen des jeweiligen Pheromonwertes und versucht, die Kommunikation über einen anderen Nachbarn weiterzuführen. Aufgrund der Multipath-Fähigkeit von ARA ist die Wahrscheinlichkeit, einen weiteren Pfad zum Zielknoten in der Routingtabelle zu finden, hoch. Wenn in der Routingtabelle mehrere Pfadeinträge zum Zielknoten existieren, probiert ARA nicht alle Möglichkeiten durch, sondern versucht nur einen weiteren Pfad, um den Zielknoten zu erreichen.

4.4 PERA

PERA (Baras & Mehta 2003) führt die Routenfindung und -pflege durch Fluten des Netzwerks mit Agenten-Paketen (Ameisen) durch. Diese Agenten befüllen die Routingtabelle jedes Knotens mit Wahrscheinlichkeitseinträgen für jeden Nachbarn. Diese Einträge spiegeln die Wahrscheinlichkeit wieder, dass ein Nachbar ein Paket an ein bestimmtes Ziel weiterleitet. PERA etabliert ebenfalls mehrere Pfade zwischen Quell- und Zielknoten.

Zu Beginn der Routenfindung versucht ein Knoten Nachbarn zu finden, indem er HELLO-Nachrichten per Broadcast versendet. Einträge in die Routingtabelle werden aber erst vorgenommen, wenn beim sendenden Knoten eine Rückwärtsameise vom Zielknoten eintrifft. Jedem Nachbarknoten wird dann eine initiale Wahrscheinlichkeit $1/N$ zugeordnet (N ist die Anzahl der Nachbarknoten). Die Routingtabelle wird dann dahingehend modifiziert, dass jener Knoten eine höhere Wahrscheinlichkeit zugewiesen bekommt, von dem gerade eine Rückwärtsameise eingetroffen ist. Dadurch wird der Pfad zum Ziel aufgebaut.

Die erste Phase der Routenfindung wird mit Hilfe der Vorwärtsameisen durchgeführt. Diese werden von der Quelle per Broadcast versendet. Jeder Knoten, für den die Vorwärtsameise nicht bestimmt ist, sendet seinerseits Vorwärtsameisen per Broadcast an seine Nachbarn, wobei er seine IP-Adresse auf dem Stack der Ameise speichert. Schleifenbildung wird auch bei PERA durch die Verwendung von Sequenznummern verhindert.

Sobald eine Vorwärtsameise ihr Ziel erreicht hat, wird vom Zielknoten eine Rückwärtsameise per Unicast an den Quellknoten gesendet. Auf dem Weg zurück zum Quellknoten verändert die Rückwärtsameise die Wahrscheinlichkeitsverteilung in der Routingtabelle bei jedem auf ihrem Weg liegenden Knoten.

Datenpakete können auf zwei Arten geroutet werden: Datenpakete werden entweder aufgrund der höchsten Wahrscheinlichkeit für einen nächsten Hop oder stochastisch geroutet. Die zweite Variante bietet in statischen Netzen mit kleinen Topologien eine bessere Leistung, ist aber für MANETs eher ungeeignet (Baras & Mehta 2003, S. 7).

4.5 SWARM

SWARM (Curran 2003) ist ein Routingprotokoll, das Elemente des Schwarmintelligenz-Paradigmas und des sog. Bestärkenden Lernens (Reinforcement Learning) verbindet. SWARM basiert auf einem kontinuierlichen Verbindungsmodell anstatt auf einem diskreten, wie es bei vielen Ad-hoc-Protokollen üblich ist. Bei diesem Protokoll wird ein statistisches Maß verwendet, um die Verbindungsqualität darzustellen.

Um optimale Routen in einem MANET zu definieren, modelliert SWARM das Ad-hoc Routingproblem als ein kooperatives bestärkendes Lernproblem. Bestärkendes Lernen ist eine Variante des Maschinellen Lernens, bei dem Agenten lediglich durch ein System von Belohnung und Bestrafung lernen, ihren Nutzen zu optimieren. SWARM weist Routen einen Wert zu, der die Kosten für die Agenten darstellt, die sie nutzen. Das Routingproblem wird so als Optimierung der Werte der Kosten beschrieben.

Da das SWARM-Modell der Verbindungsqualität ein statistisches Modell ist, müssen über einen Zeitraum Daten gesammelt werden. Bei der von SWARM verwendeten Lernstrategie werden reaktiv Informationen über die verfügbaren Verbindungen und deren Qualität gesammelt. Dieses Lernen, also die Routenfindung, erfolgt simultan mit der Paketzustellung. Die Lernstrategie ist eine adaptierte Variante der ACO-Metaheuristik, wobei mit einem Modell von Zustandsübergängen und Verstärkungen gearbeitet wird (Curran 2003, S. 40). Jedes von SWARM geroutete Paket entspricht einer Ameise des ACO-Paradigmas: der Weg durch das Netzwerk ändert schrittweise die Routing-Policy und die Pfade, die von nachfolgenden Paketen verwendet werden. Die Hauptcharakteristika der SWARM-Lernstrategie sind:

- Pakete werden im Startzustand erstellt, also in der Verkehrsquelle.

- Ein Modell des Systems wird kontinuierlich bewertet. Jeder Knoten zeichnet statistische Informationen über Übergangswahrscheinlichkeiten zu seinen Nachbarn auf.

- Jeder Knoten N verwaltet eine momentane Kostenabschätzung seiner optimalen V-Werte[4] und der seiner Nachbarknoten. Der von N bewertete V-Wert eines Nachbarknotens P nimmt vom Zeitpunkt der letzten Bekanntgabe ab. Der Wert eines Knotens wird dann bekanntgegeben, wenn dieser Knoten ein Paket weiterleitet. Daher werden Knoten, die keine Pakete weiterleiten, als weniger wertvoll angesehen. Die Entscheidung anderer Routingagenten, keinen Pfad durch P zu wählen, kann dazu verwendet werden, einen niedrigeren Wert für P abzuleiten.

- Bei jedem Knoten wird der V-Wert berechnet, indem das bewertete Modell und der V-Wert seiner Nachbarknoten verwendet wird.

- Bei jedem Knoten entscheidet der Agent über seine Handlungen nur anhand der Informationen, die lokal bei einem Knoten verfügbar sind, nämlich das bewertete Modell und die geschätzten Werte seiner Nachbarknoten. Diese Entscheidung schließt außerdem eine sog. Exploration-Policy und eine einfache gierige Heuristik ein, um die Suche zu lenken (vgl. Curran 2003, S. 41f).

---

[4]Der V-Wert einer Situation gibt Aufschluss darüber, wie viel an Belohnung, ausgehend von diesem Zustand, über einen Zeitraum erreicht werden kann.

- Der Zielknoten hat einen fixen V-Wert, typischerweise 0. Wenn ein Agent den Zielknoten erreicht, wird der Wert des Knotens seinen Nachbarknoten bekanntgegeben.

4.6 Fazit

In diesem Kapitel wurden ausgewählte Routingprotokolle näher beschrieben. Als Vertreter der proaktiven Protokolle muss bei OLSR die Routingtabelle ständig für alle möglichen Routen aktuell gehalten werden. Jedoch versucht OLSR, den Routingoverhead durch den Einsatz von MPRs zu verringern.

Im Gegensatz dazu verwenden AODV und die vorgestellten schwarmintelligenzbasierten Routingprotokolle ARA, PERA und SWARM reaktive Verfahren, wobei die Routenfindung erst bei Nachfrage gestartet wird.

Generell erfüllen die schwarmintelligenzbasierten Routingalgorithmen einige der an ein MANET-Routingprotokoll gestellten Anforderungen (vgl. Kapitel 3.2.1), wie zum Beispiel die Verteiltheit der Operationen, die Schleifenfreiheit oder darüber hinaus Multipath-Routing.

5 Methodik

Das Ziel der in dieser Arbeit vorgenommenen Simulation ist die Messung der Fähigkeit der in Kapitel 4 vorgestellten Routingprotokolle, auf Netzwerktopologie-Änderungen zu reagieren und dabei weiterhin erfolgreich Datenpakete an das gewünschte Ziel zu transportieren. Um möglichst konsistente Ergebnisse zu erhalten, orientiert sich die angewendete Methodik an Studien von Broch, Maltz, Johnson, Hu & Jetcheva (1998) sowie Das, Perkins & Royer (2000).

In diesem Kapitel wird die Methodik, die den Simulator-Untersuchungen in dieser Arbeit zugrunde liegt, näher erläutert. Zunächst wird der verwendete Simulator vorgestellt. Danach wird auf verschiedene Eigenschaften und Parameter der Simulation eingegangen und die verwendeten Metriken werden genauer beleuchtet. Abschließend wird beschieben, wie die Simulation für diese Arbeit konkret umgesetzt wurde.

5.1 Der Simulator

Der *Network Simulator* (NS-2) ist ein diskreter, ereignisorientierter Netzwerk-Simulator und wurde an der Universität von Kalifornien in Berkeley gemeinsam mit dem VINT-Projekt entwickelt (Information Sciences Institute 2003). Er ist frei verfügbar und in Forschung und Entwicklung weit verbreitet.

NS-2 basiert auf einer Simulationsbibliothek und einem Simulationsereignisplaner, die beide in der Programmiersprache C++ implementiert worden sind. Die Simulationsszenarien und deren Parameter werden in OTcl (MIT Object Tcl) definiert. OTcl basiert auf der interpretierten Programmiersprache Tcl/Tk und erweitert diese um objektorientierte Fähigkeiten. Um einerseits die Flexibilitätsvorteile von OTcl bei der Szenario-Konfiguration und andererseits die Effizienz von C++ bezüglich der Ausführungsgeschwindigkeit nutzen zu können, kann der OTcl-Interpreter direkt auf die in C++ definierten Objekte zugreifen, da eine enge Beziehung zwischen den C++-Klassenhierarchien und den OTcl-Hierarchien besteht (Fall 2000, S. 18f).

Der typische Ablauf einer Simulation mit NS-2 kann wie folgt beschrieben werden: Mittels vom Benutzer erstellten OTcl-Skript wird der Ereignisplaner initialisiert und mit Hilfe der Netzwerkbibliotheken eine Netzwerktopologie aufgebaut, außerdem wird der zu simulierende Netzwerkverkehr beschrieben. In NS-2 wird jedem Ereignis durch den Ereignisplaner eine eindeutige ID zugewiesen. Nach dem Initialisieren des Ereignisplaners aktiviert dieser die für einen bestimmten Zeitpunkt vorgesehenen Ereignisse, indem er die entsprechenden Netzwerkkomponenten aufruft. Diese führen dann das Ereignis aus. Die Simulationsergebnisse werden in sog. Tracefiles gespeichert und können später einfach analysiert werden oder mit Hilfe des speziell für diesen Zweck entwickelten „Network-Animator" (NAM) visualisiert werden.

NS-2 unterstützt für Simulationen u. a. eine Vielzahl an Transportprotokollen (TCP, UDP etc.), Verkehrsquellen (CBR, VBR, HTTP, FTP etc.), Routingprotokollen (RIP, OSPF etc.) sowie Queuemanagement und Routingalgorithmen. Es existieren auch Implementierungen der MAC-Schicht und Multicast-Protokolle für drahtgebundene und drahtlose Netzwerke.

Um NS-2 um neue Protokolle zu erweitern, müssen ein neuer Pakettyp und ein neuer Agent (der für das Versenden und Empfangen eines Pakettyps zuständig ist) definiert und in C++

implementiert werden. Die Einbindung des Protokolls erfolgt dann durch direktes Einfügen in den bestehenden NS-2-Quelltext. Anschließend werden Pakettyp und Agent in die jeweiligen NS-2-Datenstrukturen eingetragen und der Simulator abschließend neu kompiliert.

5.2 Die Simulationsumgebung

Die Protokoll-Untersuchungen dieser Arbeit basieren auf der Simulation von 50 drahtlosen Knoten mit einer IEEE 802.11 MAC-Schnittstelle, die ein Ad-hoc-Netzwerk bilden und sich über eine rechteckige, 1500x300m große ebene Fläche für die Dauer von 900 Sekunden Simulationszeit bewegen. Nach Broch et al. (1998, S. 5) ist die Wahl einer rechteckigen Fläche notwendig, um die Benutzung längerer Routen zwischen Knoten stärker zu forcieren, als dies bei einer quadratischen Fläche mit gleicher Knotendichte möglich wäre.

Die Ausbreitung der Funksignale wird durch das „Two-Ray Ground Reflection"-Modell beschrieben. Dieses Modell berücksichtigt sowohl den direkten Weg (die Sichtlinie) zwischen zwei Knoten als auch Reflexionen der Kommunikation vom Erdboden (Fall 2000, S. 187).

Um einen direkten und fairen Vergleich zwischen den Routingprotokollen zu ermöglichen, ist es von großer Bedeutung, dass die verschiedenen Protokolle unter gleichen Last- und Umgebungsbedingungen getestet werden. Jeder Durchlauf der Simulation verwendet daher eine Szenariodatei, die die jeweiligen Knotenbewegungen und die exakte Sequenz der emittierten Pakete eines jeden Knotens sowie die exakten Zeitpunkte, an denen das jeweilige Ereignis stattgefunden hat, genau beschreibt. Für das Experiment sind 210 verschiedene Szenariodateien mit unterschiedlichen Bewegungsmustern und Verkehrslasten erzeugt worden. Da alle zu testenden Protokolle in identen Szenarien getestet wurden, ist es möglich, die Leistung der Protokolle direkt zu vergleichen.

Um möglichst aussagekräftige Ergebnisse zu erhalten, wurden die einzelnen Simulationen insgesamt 5 mal pro Szenario durchlaufen und aus den jeweiligen Resultaten ein Mittelwert errechnet.

5.3 Das Bewegungsmodell

Um ein Protokoll für ein Ad-hoc-Netzwerk sorgfältig simulieren zu können, ist es nötig, ein Bewegungsmodell zu verwenden, das die mobilen Knoten möglichst akurat darstellt. Meistens werden sog. synthetische Modelle verwendet. Das sind Modelle, die versuchen, das Verhalten von Netzknoten ohne das Vorhandensein von Daten aus einem existierenden Netzwerk möglichst realistisch zu simulieren. Man kann hierbei zwischen Entitäts- und Gruppenbewegungsmodellen unterscheiden. Gruppenbewegungsmodelle sind Modelle, die – im Gegensatz zu den Entitätsbewegungsmodellen – die Bewegungen der einzelnen mobilen Knoten nicht komplett unabhängig voneinander beschreiben, sondern deren Verhalten von jenem der Knoten in derselben Gruppe abhängig machen. Beispiele für Gruppenbewegungsmodelle sind das „Exponetial-Correlated-Random-Mobility"-Modell oder das „Nomadic-Community-Mobility"-Modell, während das „Random-Walk"-Modell (und zahlreiche Derivate), das „Random-Waypoint"-Modell, das „Random-Direction"-Modell oder das Gauss-Markov-Modell Beispiele für Entität-Bewegungsmodelle sind (vgl. Camp, Boleng & Davies 2002, S. 2).

Die Knoten der Simulation dieser Arbeit bewegen sich nach dem sog. „Random-Waypoint"-Modell. Dieses Modell beschreibt zufällige Bewegungsmuster, die kausal unabhängig von früheren Zeitpunkten sind. Dieses Modell ist einfach und effizient zu implementieren und wird daher auch bei vielen Untersuchungen eingesetzt. Die Bewegungsszenario-Dateien, die für die Simulation verwendet wurden, sind durch die Pausenzeit charakterisiert. Jeder Knoten beginnt die Simulation initial, indem er für die vorgegebene Pausenzeit stationär bleibt. Danach wählt er auf der Simulationsfläche willkürlich ein Ziel und bewegt sich mit einer zufälligen, zwischen einem vorgegebenen Minimum und Maximum liegenden Geschwindigkeit zum ausgewählten Ziel. Sobald der Knoten das Ziel erreicht hat, wartet er wieder für die Dauer der vorgegebenen Pausenzeit, wählt neuerlich ein zufälliges Ziel, um sich anschließend wieder, wie zuvor beschrieben, auf den Weg dorthin zu machen. Dieses Verhalten wird so lange wiederholt, bis die Simulation zu Ende ist. Für diese Arbeit wurde die Simulationsdauer mit 900s angesetzt.

Um zu gewährleisten, dass das Bewegungsmodell möglichst schnell einen stabilen Zustand erreicht, wurde die minimale Knoten-Geschwindigkeit auf 1m/s gesetzt (Yoon, Liu & Noble 2003, S. 5). Die maximale Geschwindigkeit eines Knotens wurde mit 19m/s festgesetzt.

Die Simulation wurde mit Bewegungsmustern durchgeführt, die für sieben verschiedene Pausenzeiten generiert worden sind: 0, 30, 60, 120, 300, 600 und 900 Sekunden. Eine Pausenzeit von 0 Sekunden bedeutet, dass der Knoten ständig in Bewegung ist, wohingegen eine Pausenzeit von 900 Sekunden bedeutet, dass der Knoten die gesamte Simulationsdauer über stationär bleibt.

Da die Leistung eines Routingprotokolls besonders durch Bewegungsmuster beeinflusst wird, sind für die Simulation Szenariodateien mit 70 verschiedenen Bewegungsmustern (zehn für jede Pausenzeit) generiert worden. Alle ausgewählten Protokolle wurden mit denselben 70 Bewegungsmustern getestet.

5.4 Das Kommunikationsmodell

Für die Simulation wurden Verkehrsquellen ausgewählt, die Datenverkehr mit konstanter Bitrate (CBR) erzeugen. Das bedeutet, dass der Quellknoten Pakete mit einer festgelegten Größe in gleichen Zeitabständen erzeugt und emittiert. Die Untersuchungen dieser Arbeit wurden mit einer Senderate von 4 Paketen pro Sekunde und Netzwerken mit 10, 20 und 30 CBR-Quellen durchgeführt. Die Paketgröße wurde, wie von Broch et al. (1998, S. 6) beschrieben, mit 64 Bytes festgesetzt.

Um die ausgewählten Protokolle direkt vergleichen zu können, wurde für die Tests nur CBR-Verkehr über UDP verwendet, da bei TCP sowohl die Zeit als auch die Position, zu der ein Knoten ein Paket versendet, je nach Protokoll unterschiedlich sein kann (Broch et al. 1998, S. 6).

5.5 Metriken

Folgende Metriken wurden zum Vergleich der ausgewählten Routingprotokolle herangezogen:

Paket Delivery Ratio: Die Zustellrate ist das Verhältnis zwischen der Anzahl der von einer CBR-Quelle auf der Anwendungsschicht versendeten Pakete und der Anzahl der von der CBR-Senke des Zielknotens erhaltenen Pakete. Diese Metrik charakterisiert sowohl die Vollständigkeit als auch die Korrektheit eines Routingprotokolls.

Average End-to-End Delay: Diese Metrik wird durch Dividieren der Gesamtverzögerung der Zustellung eines Pakets zum Ziel durch die Anzahl der am Ziel eingetroffenen Pakete errechnet. Mögliche Ursachen der Verzögerung sind z. B. Pufferung, verursacht durch Latenzen während der Routenfindung, das Warten in der Interface-Queue oder Retransmission-Delays auf MAC-Ebene.

Path Optimality: Der Netzwerksimulator NS-2 speichert zu jedem Paket, das sein Ziel erreicht, wie oft das Paket weitergeleitet wurde und wie viele Hops der kürzeste Pfad zu diesem Zeitpunkt hatte. Das Verhältnis der beiden Werte sagt aus, wie nahe am Optimum die von den Protokollen gefundenen Routen sind.

Troughput: Der Datendurchsatz gibt an, wie viele Daten pro Zeiteinheit über das Netzwerk übertragen werden können. Er wird errechnet aus der Summe der Bits aller gesendeten Pakete dividiert durch die Dauer der Übertragung eines Paketes zum Ziel.

5.6 Implementierung der Simulation

Um die ausgewählten Protokolle zu testen, wurde eine modifizierte Version von NS-2 2.29 verwendet. Sämtliche NS-2-Implementierungen der schwarmintelligenzbasierten Routingprotokolle wurden in den originalen NS-2-Quellcode eingepflegt, ebenso die frei erhältliche NS-2-Implementierung von OLSR (MANET Simulation and Implementation at the University of Murcia 2006). Zusätzlich wurden im Zuge des Experiments einige Programme entwickelt, um einerseits die Simulation zu konfigurieren und durchführen zu können und andererseits die Ergebnisse der Simulation analysieren und grafisch aufbereiten zu können.

Die zur Umsetzung der Simulation implementierten Hilfsprogramme werden im Folgenden, in der im Experiment eingesetzten zeitlichen Reihenfolge, aufgelistet:

Initialisieren der Simulation: Das Programm `setup-simulation` erzeugt die für den weiteren Verlauf des Experiments benötigte Ordnerstruktur und generiert die Szenariodateien für NS-2. Dazu werden die Parameter aus der Konfigurationsdatei `manetsim.conf` verwendet. Die Bewegungsmuster werden automatisch mit Hilfe des in NS-2 enthalten Generators `setdest` erstellt. Der CBR-Netzwerkverkehr wird ebenfalls automatisch durch entsprechenden Aufruf des NS-2-Hilfsprogrammes `cbrgen.tcl` erstellt. Die Szenariodateien werden im Verzeichnis `simulation/model/` gespeichert. Die Simulation wird auf der Kommandozeile folgendermaßen initialisiert:

```
~/simulation$ ./setup-simulation
```

Durchführen und Aufzeichnen der Simulation: Nachdem das Experiment konfiguriert worden ist, kann mit der eigentlichen Durchführung mittels `run-simulation` begonnen werden. Dieses Programm liefert pro Kombination aus Protokoll, Verkehrsquellenanzahl und Pausenzeiten ein NS-2-Tracefile als Ergebnis (es findet sich im Verzeichnis `simulation/trace/`). Die Simulation wird wie folgt gestartet:

```
~/simulation$ ./run-simulation
```

Analyse der Simulation: Die während der Simulation erstellten NS-2-Daten werden mit Hilfe des Programmes `analyze-simulation` hinsichtlich der in Abschnitt 5.5 angeführten Metriken analysiert und grafisch aufbereitet. Als Resultat finden sich eine Reihe von EPS-Dateien im Ordner `simulation/plots/`. Die Analyse kann beispielsweise wie folgt gestartet werden:

```
~/simulation$ ./analyze-simulation 2>&1 | tee logs/foo.bar
```

Die Parameter der Simulation werden nochmals in Tabelle 1 dargestellt.

Simulationszeit	: 900s
Topologiegröße	: 1500x300m
Knotenanzahl	: 50
Anzahl Verkehrsquellen	: 10 20 30
Verkehrstyp	: CBR
Paketrate	: 4 Pakete/s
Paketgröße	: 64 Bytes
Pausenzeiten	: 0 30 60 120 300 600 900s
Minimale Geschwindigkeit	: 1m/s
Maximale Geschwindigkeit	: 19m/s
Simulationswiederholungen	: 5

Tab. 1: Grundlegende Simulationsparameter

Die in allen Simulationen verwendeten NS-2-Konstanten sind in Tabelle 2 aufgelistet. Diese Werte sind direkt in `manetsim.tcl` eingetragen worden.

Channel type	: WirelessChannel
Radio propagation model	: TwoRayGround
Network interface type	: WirelessPhy
MAC type	: 802.11
Interface queue (IFQ) type	: DropTail/PriQueue
Link layer type	: LL
Antenna model	: OmniAntenna
Maximum number of packets in IFQ	: 50

Tab. 2: In der Simulation verwendete NS-2-Konstanten

Für die einzelnen Protokollsimulationen wurden jeweils die in den Protokoll-Implementierungen vordefinierten Konstanten verwendet (siehe jeweilige Header-Dateien).

6 Ergebnisse der Simulation

Die in Kapitel 4 beschriebenen Routingprotokolle wurden zum Teil hinsichtlich der in Kapitel 5 dargelegten Metriken und mit den ebendort beschriebenen Parametern in NS-2 getestet. Leider konnten ARA und PERA nicht im Rahmen des Experiments getestet werden, da zum Zeitpunkt der Durchführung keine Implementierungen für NS-2 vorlagen. Die Ergebnisse der Simulation werden in den folgenden Abschnitten näher beleuchet.

6.1 Packet Delivery Ratio

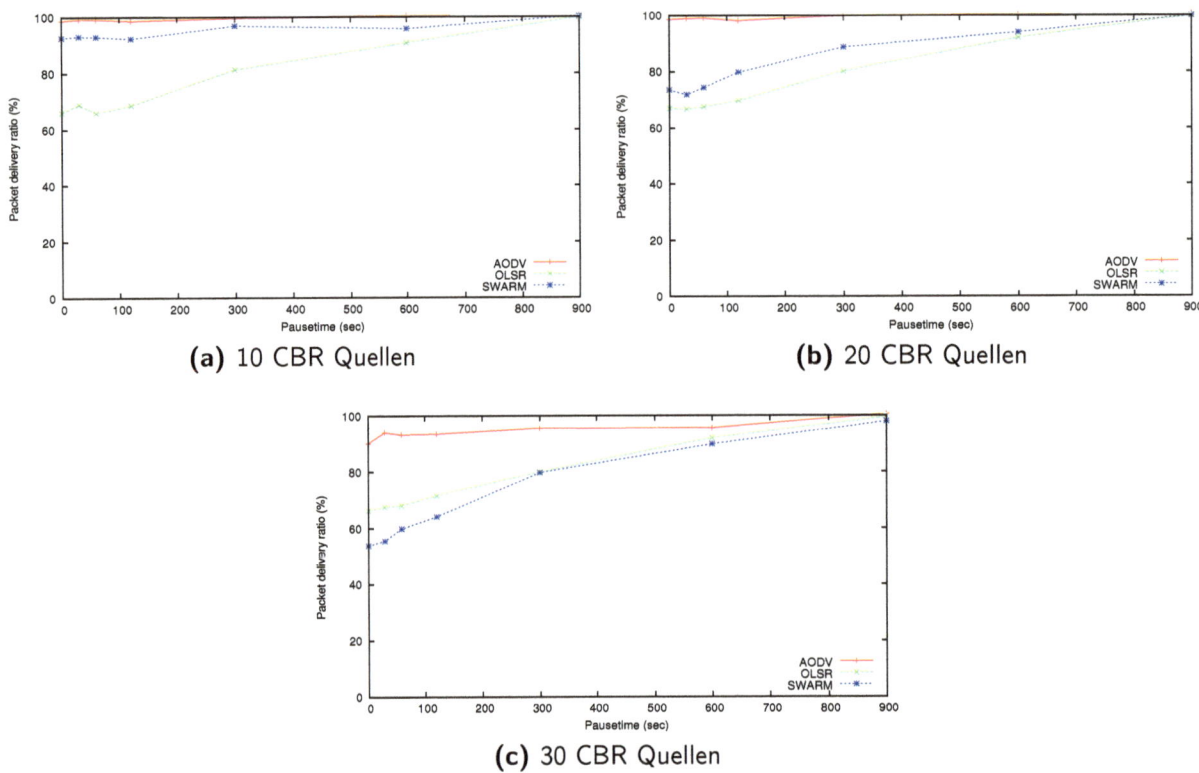

(a) 10 CBR Quellen

(b) 20 CBR Quellen

(c) 30 CBR Quellen

Abb. 4: Die Paketzustellrate als Funktion der Pausenzeit

Abb. 4 zeigt das Verhältnis von gesendeten Paketen zu den Paketen, die ein Protokoll zustellen konnte, als Funktion von Knotenmobilität (Pausenzeit) und Netzwerklast (CBR-Quellen).

Bei AODV beträgt die Paketzustellrate aller Pakete unabhängig von der Netzwerklast und Knotenmobilität zwischen ca. 90% und 100%.

OLSR konvergiert bei niedrigeren Pausenzeiten, also bei erhöhter Mobilität, schlechter. Hier stellt OLSR bei Pausenzeiten von unter 300s nur unter 80% aller gesendeten Pakete zu. Diese Leistung ist im Großen und Ganzen unabhängig von der Netzwerklast.

SWARM hat gute Paketzustellraten bei weniger Verkehr (10 CBR-Quellen), konvergiert aber bei erhöhter Netzwerklast und hoher Mobilität ähnlich wie OLSR deutlich schlechter als AODV.

Sobald die Netzwerklast steigt, sinkt die Zustellrate von AODV und SWARM, während die Leistung von OLSR unabhängig von der Anzahl der CBR-Quellen konstant bleibt (vgl. Abb. 4(a) und (c)). Die relativ schwache Leistung von OLSR bei hoher Mobilität ist hauptsächlich auf den Routingoverhead aufgrund von periodischen Routeupdates zurückzuführen. Dabei kommt es bei jedem Knoten zu erhöhter „Channel Contention" und längeren Wartezeiten, wodurch vermehrt Pakete gedroppt werden. Allen Protokollen ist gemein, dass sie bei geringer Knotenmobilität höhere Paketzustellraten aufweisen, als bei hoher. Dies liegt vor allem daran, dass bei höherer Mobilität Verbindungen eher nicht mehr verfügbar zu sind, bzw. bei höherem Verkehrsaufkommen Paketkollisionen die Zustellung erschweren.

6.2   Average End-to-End Delay

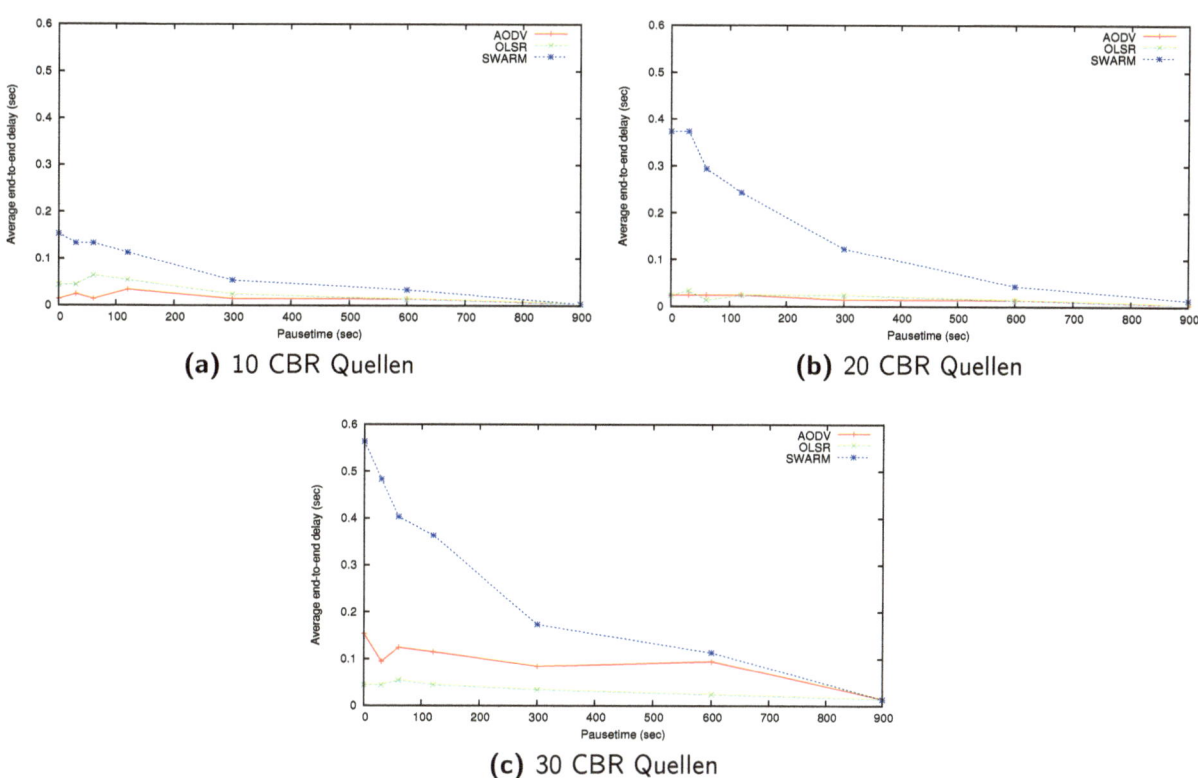

(a) 10 CBR Quellen

(b) 20 CBR Quellen

(c) 30 CBR Quellen

Abb. 5: Average End-to-End Delay als Funktion der Pausenzeit

Abb. 5 zeigt die Zustellverzögerung als Funktion der Pausenzeit für drei verschiedene Netzwerklasten (10, 20 und 30 CBR-Quellen). Alle Protokolle sind bezüglich dieser Metrik recht effektiv. Die ingesamt schlechtere Leistung von SWARM dürfte zum Teil auch implementierungsabhängig sein (Curran 2003, S. 63).

Die Latenz erhöht sich mit steigender Netzlast bei allen Protokollen, da es durch den erhöhten Verkehr vermehrt zu Überlastungen kommt und eine Paketzustellung schwieriger wird.

Die bessere Leistung von OLSR im Vergleich zu AODV und SWARM, vor allem bei höherer Verkehrslast, ist auf den proaktiven Routingansatz von OLSR zurückzuführen, bei dem die Routen bereits im Vorhinein festgelegt werden. Die reaktiven Protokolle müssen für jedes weiterzuleitende Paket erst eine Route erstellen, falls keine passende vorhanden ist. Dies führt zu erhöhten initialen Latenzzeiten.

6.3 Path Optimality

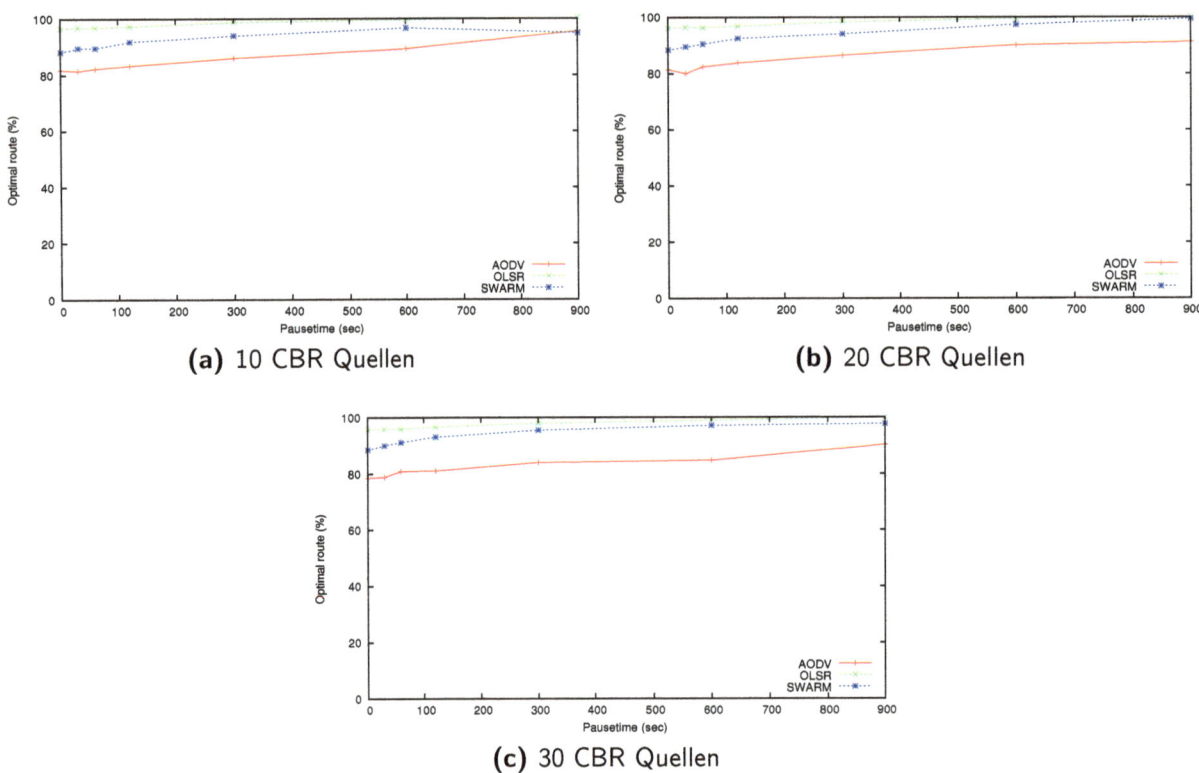

(a) 10 CBR Quellen
(b) 20 CBR Quellen
(c) 30 CBR Quellen

Abb. 6: Das Finden der optimalen Route als Funktion der Pausenzeit

Abb. 6 zeigt, wie optimal die von den jeweiligen Protokollen gewählte Route ist. Generell fällt auf, dass AODV diejenigen Routen findet, die die meisten Hops Abweichung vom Optimum haben, während OLSR in dieser Kategorie die besten Resultate liefert.

OLSR weist bei allen Pausenzeiten und den verschiedenen Verkehrslasten konstant Werte im Bereich von 95,27% bis 99,91% auf. Im Mittel erreicht OLSR unabhängig von der Verkehrslast ca. 97,22% Routenoptimalität.

AODV findet im Vergleich zu OLSR bis zu 20% längere Routen, als nötig sind, um Pakete vom Quellknoten zum Zielknoten zu befördern. Im Mittel erreicht AODV unabhängig von der Verkehrslast ca. 83,99% Routenoptimalität.

SWARM liefert vor allem bei erhöhter Knotenmobilität um bis zu ca. 12% längere Routen als nötig. Je weniger mobil die Knoten sind, umso besser wird das Resultat. Im Mittel erreicht SWARM unabhängig von der Verkehrslast ca. 92,45% Routenoptimalität.

Die bessere Leistung von OLSR im Vergleich zu SWARM und vor allem zu AODV basiert hauptsächlich auf der MPR-Technik von OLSR, durch die optimale Routen gefunden werden können (vgl. Kapitel 4.1). Die insgesamt längeren Routen von AODV lassen sich unter anderem wohl auch auf Paketkollisionen beim Broadcasten von RREQ-Nachrichten zurückführen (vgl. Kapitel 4.2).

6.4 Troughput

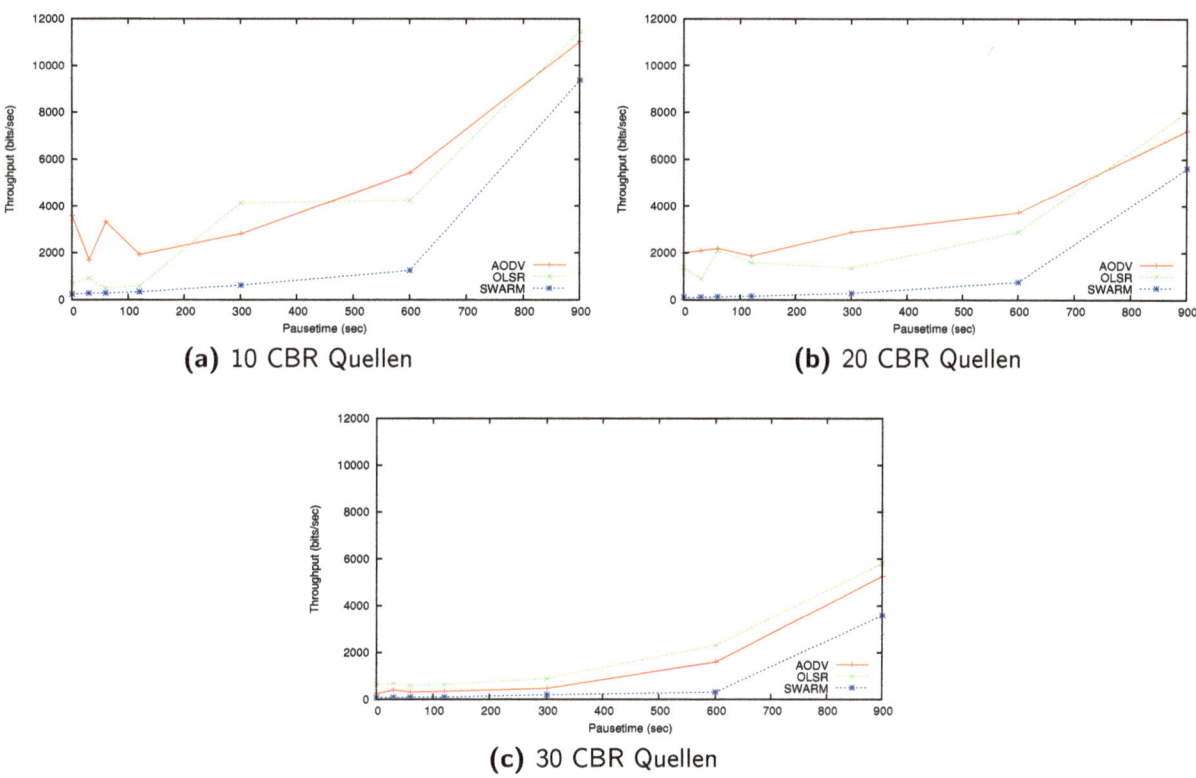

(a) 10 CBR Quellen   **(b)** 20 CBR Quellen

(c) 30 CBR Quellen

Abb. 7: Der Datendurchsatz als Funktion der Pausenzeit

Abb. 7 zeigt den Datendurchsatz für verschiedene Netzwerkauslastungen in Abhängigkeit von der Knotenmobilität. Generell ist hier die Leistung von SWARM etwas schlechter als von AODV und OLSR. AODV zeigt bei weniger Netzwerkverkehr eine gleiche bis bessere Leistung als OLSR. Bei mehr Verkehrsquellen dagegen weist OLSR generell einen etwas besseren Durchsatz als die anderen Protokolle auf (Abb. 7(c)). Die etwas bessere Leistung von OLSR ist auf seine Fähigkeit zurückzuführen, Verbindungsfehler früher zu erkennen als die beiden anderen Protokolle. Dies wird durch die ständig aktuellen Routinginformationen von OLSR gewährleistet.

Generell sinkt der Datendurchsatz bei allen Protokollen mit steigender Netzlast und steigender Mobilität der Knoten aufgrund von vermehrten Paketkollisionen und Verbindungsfehlern.

7 Fazit und Ausblick

MANETs sind dynamische Netze, die ohne feste Infrastruktur auskommen. Obwohl es eine Menge möglicher Anwendungsgebiete für diese Netzwerke gibt, sind konkrete Implementierungen derzeit noch rar bzw. befinden sich noch im Entwicklungsstadium. Beispiele für funktionierende Umsetzungen der MANET-Technologie sind Bluetooth oder IEEE 802.11 (Ad-hoc-Modus). Es wird erwartet, dass demnächst IEEE 802.11s als Standard für drahtlose Netzwerkkommunikation veröffentlicht wird, bei dem das Routing auf MAC-Ebene stattfindet und daher wesentlich effizienter ist, insbesondere in Hinblick auf Hardwareanforderungen und Energieverbrauch.

Die Hauptherausforderung bei MANETs ist das Routingproblem, das durch die hohe Dynamik dieser Netzwerke verursacht wird. In den vergangenen Jahren wurden eine Reihe von Routingprotokollen entwickelt, die allerdings nicht für alle Anwendungsfälle gleich geeignet sind. Diese MANET-Routingprotolle werden, je nachdem wie sie die Routinginformationen sammeln und verteilen, in proaktive, reaktive und hybride Verfahren unterteilt.

Ein weiterer, in den Bereich der reaktiven Protokolle fallender Ansatz, der sich in den letzten Jahren herausgebildet hat, zieht für die Lösung der Routingproblematik Vorbilder aus der Natur heran. Hier wird beispielsweise das kollektive Verhalten von sozialen Insekten, insbesondere das Verhalten der Ameisen bei der Futtersuche, nachgebildet. Diese Algorithmen eignen sich besonders aufgrund ihrer verteilten Operationen, der Einbeziehung der Verbindungsqualität oder der Multipfad-Unterstützung für MANETs.

In dieser Arbeit wurden verschiedene Routingansätze (OLSR, AODV, ARA, PERA, SWARM) erläutert und in einer simulierten Umgebung (NS-2) einem Leistungsvergleich unterzogen. Dabei hat sich gezeigt, dass die getesteten Protokolle bei relativ kleinen Netzwerken mit geringer Knotenanzahl eine vergleichbare Leistung zeigen. Resultate verschiedener Leistungsvergleiche in der Literatur konnten bestätigt werden. Die getesteten Protokolle weisen vor allem dann eine hohe Paketzustellrate und niedrige Zustellverzögerungen auf, wenn die Knotenmobilität und die Anzahl der sendenden Knoten geringer ist. Die beste Leistung bei der Paketzustellrate zeigt AODV, die niedrigste Zustellverzögerung OLSR. Bei der Berechnung der optimalen Routen schneidet OLSR am besten ab. Bei der Leistungsmessung des Durchsatzes zeigen AODV und OLSR die besten Werte.

Generell bleibt anzumerken, dass man aufgrund der Ergebnisse der Simulation nur bedingt zulässige Aussagen über die Leistung der getesteten Routingprotokolle in realen Umgebungen treffen kann, da einerseits einige mobile Routingprotokoll-Implementierungen in NS-2 neueren Datums sind und daher Implementierungsfehler nicht auszuschließen sind, andererseits gibt es Implementierungen, die seit ihrem Erscheinen wohl keine weitere Entwicklung mehr erfahren haben (dies betrifft vor allem die SWARM-Implementierung).

In weiteren Untersuchungen wäre zu prüfen, wie die getesteten Routingprotokolle und eventuell weitere schwarmintelligenzbasierte Routingprotokolle in großen, stark belasteten Netzen mit vielen Teilnehmern skalieren.

Abbildungsverzeichnis

Tabellenverzeichnis

Abkürzungsverzeichnis

ACO	Ant Colony Optimization
ACS	Ant Colony System
AODV	Ad Hoc On-Demand Distance Vector
ARA	Ant-Routing Algorithm
AS	Ant System
CBR	Constant Bit Rate
EPS	Encapsulated PostScript
IEEE	Institute of Electrical and Electronics Engineers
IETF	Internet Engineering Task Force
MANET	Mobile Ad Hoc Network
MPR	Multipoint Relay
OLSR	Optimized Link State Routing
OSPF	Open Shortest Path First
PAN	Personal Area Network
PDA	Personal Digital Assistant
PERA	Probabilistic Emergent Routing Algorithm
QAP	Quadratic Assignment Problem
RFC	Request for Comments
RIP	Routing Information Protocol
TSP	Traveling Salesman Problem
VANET	Vehicular Ad Hoc Network
VBR	Variable Bit Rate
ZRP	Zone Routing Protocol

Literaturverzeichnis

Baras, J. & Mehta, H. (2003), A probabilistic emergent routing algorithm for mobile ad hoc networks, *in* 'WiOpt'03: Modeling and Optimization in Mobile, Ad Hoc and Wireless Networks, March 3-5, 2003.'.

Bonabeau, E., Dorigo, M. & Theraulaz, G. (1999), *Swarm Intelligence: From Natural to Artificial Systems (Santa Fe Institute Studies on the Sciences of Complexity)*, Oxford University Press, USA.

Broch, J., Maltz, D. A., Johnson, D. B., Hu, Y.-C. & Jetcheva, J. (1998), A performance comparison of multi-hop wireless ad hoc network routing protocols, *in* 'MobiCom '98: Proceedings of the 4th annual ACM/IEEE international conference on Mobile computing and networking', ACM Press, pp. 85–97.

Camp, T., Boleng, J. & Davies, V. (2002), 'A survey of mobility models for ad hoc network research', *Wireless Communications & Mobile Computing (WCMC): Special issue on Mobile Ad Hoc Networking: Research, Trends and Applications* **2**(5), 483–502.

Clausen, T. & Jacquet, P. (2003), 'Optimized link state routing protocol (OLSR)', RFC 3626 (Experimental). Network Working Group.
URL: *http://ietf.org/rfc/rfc3626.txt*

Corson, M. S. & Macker, J. P. (1999), 'Mobile Ad hoc Networking (MANET): Routing Protocol Performance Issues and Evaluation Considerations', RFC 2501 (Informational).
URL: *http://www.ietf.org/rfc/rfc2501.txt*

Curran, E. (2003), 'SWARM: Cooperative reinforcement learning for routing ad-hoc networks'.

Das, S. R., Perkins, C. E. & Royer, E. E. (2000), Performance comparison of two on-demand routing protocols for ad hoc networks, *in* 'INFOCOM (1)', pp. 3–12.

Fall, K. (2000), 'The ns manual'.
URL: *http://www.isi.edu/nsnam/ns/ns-documentation.html*

Günes, M., Kähmer, M. & Bouazizi, I. (2002), ARA - the ant-colony based routing algorithm for MANETs, *in* 'ICPPW '02: Proceedings of the 2002 International Conference on Parallel Processing Workshops', IEEE Computer Society, Washington, DC, USA, pp. 79–85.

Information Sciences Institute (2003), 'NS-2 network simulator', Software Package.
URL: *http://www.isi.edu/nsnam/ns/*

MANET Simulation and Implementation at the University of Murcia (2006), 'UM-OLSR', Software Package.
URL: *http://sourceforge.net/projects/um-olsr/*

Perkins, C. E. (2001), *Ad Hoc Networking*, Addison-Wesley Professional.

Perkins, C. E., Belding-Royer, E. M. & Das, S. R. (2003), 'Ad hoc On-Demand Distance Vector (AODV) Routing', RFC 3561 (Experimental).
URL: *http://www.ietf.org/rfc/rfc3561.txt*

Royer, E. & Toh, C.-K. (1999), 'A review of current routing protocols for ad hoc mobile wireless networks', *Personal Communications, IEEE [see also IEEE Wireless Communications]* **6**(2), 46–55.

Rybicki, J., Scheuermann, B., Kiess, W., Lochert, C., Fallahi, P. & Mauve, M. (2007), Challenge: peers on wheels - a road to new traffic information systems, *in* 'MobiCom '07: Proceedings of the 13th annual ACM international conference on Mobile computing and networking', pp. 215–221.

Tanenbaum, A. S. (2003), *Computer networks*, Prentice-Hall, Inc., Upper Saddle River, NJ, USA.

Yoon, J., Liu, M. & Noble, B. (2003), Random waypoint considered harmful, *in* 'Proceedings of INFOCOM. IEEE, 2003', pp. 1312–1321.

Anhang

Listing 1: manetsim.tcl

```tcl
proc usage {} {
    global argv0
    puts "usage: $argv0 \[-rp protocol\] \[-cp connectionpattern\]"
    puts "          \[-sc scenariofile\] \[-sr simulationruns\]"
    puts "          \[-nn nodes\] \[-pt pausetime\] \[-st simultime\]"
    puts "          \[-x width\] \[-y height\] \[-td tracedir] \[-tr trace]"
}

proc getopt {argc argv} {
    global opt
    lappend optlist rp cp scp sr nn mob sp st x y td tr
    for { set i 0 } { $i < $argc } {incr i} {
        set arg [lindex $argv $i]
        if {[string range $arg 0 0] != "-"} continue
        set name [ string range $arg 1 end ]
        set opt($name) [lindex $argv [expr $i+1]]
    }
}

proc handleopts {argc argv} {
    global opt
    getopt $argc $argv
    if { $opt(rp) == "" || $opt(cp) == "" || $opt(sc) == "" ||
        $opt(sr) == "" || $opt(nn) == "" || $opt(pt) == "" ||
        $opt(st) == "" || $opt(x) == "" || $opt(y) == "" ||
        $opt(td) == "" || $opt(tr) == "" } {
        usage
        exit 1
    }
}

Class ManetSim

ManetSim instproc init {} {
global opt val
$self instvar ns_ god_

# create simulator instance
set ns_ [new Simulator]

$ns_ use-newtrace

# setup topography object and define topology
set topo [new Topography]
$topo load_flatgrid $opt(x) $opt(y)

# create trace object for ns
set tracefd [open $opt(td)/$opt(tr) w]

$ns_ trace-all $tracefd

# create channel
set chan_ [new $val(chan)]

# create god
set god_ [create-god $opt(nn)]

# define how node should be created
puts $opt(rp)
set val(ifq) Queue/DropTail/PriQueue
if {$opt(rp) == "DSR" || $opt(rp) == "OLSR"} {
    set val(ifq) CMUPriQueue
}
puts $val(ifq)

#global node setting
```

```
67   $ns_ node-config -adhocRouting $opt(rp) \
68       -llType $val(ll) \
69       -macType $val(mac) \
70       -ifqType $val(ifq) \
71       -ifqLen $val(ifqlen) \
72       -antType $val(ant) \
73       -propType $val(prop) \
74       -phyType Phy/WirelessPhy \
75       -channel $chan_ \
76       -topoInstance $topo \
77       -agentTrace ON \
78       -routerTrace ON \
79       -macTrace OFF
80
81   #  Create the specified number of nodes [$opt(nn)] and "attach" them
82   #  to the channel.
83   for {set i 0} {$i < $opt(nn) } {incr i} {
84       set node_($i) [$ns_ node]
85       $node_($i) random-motion 0          ;# disable random motion
86   }
87
88   # Define node traffic model
89   puts "Loading connection pattern $opt(cp) ..."
90   source $opt(cp)
91
92   # Define node movement model
93   puts "Loading scenario file $opt(sc) ..."
94   source $opt(sc)
95
96   # Tell nodes when the simulation ends
97   for {set i 0} {$i < $opt(nn) } {incr i} {
98       $ns_ at $opt(st).000000001 "$node_($i) reset";
99   }
100
101  $ns_ at   $opt(st).000000001 "puts \"NS EXISTING...\"; $ns_ halt"
102
103  puts "Starting Simulation ..."
104  $ns_ run
105
106  }
107
108  # ================================================================
109  # Define options
110  # ================================================================
111
112  global opt(rp) opt(sc) opt(cp) opt(nn) val
113  set val(chan)    Channel/WirelessChannel
114  set val(prop)    Propagation/TwoRayGround
115  set val(netif)   Phy/WirelessPhy
116  set val(mac)     Mac/802_11
117  set val(ll)      LL
118  set val(ant)     Antenna/OmniAntenna
119  set opt(x)       501    ;# X dimension of the topography
120  set opt(y)       501    ;# Y dimension of the topography
121  set val(ifqlen) 50              ;# max packet in ifq
122  set val(seed)    0.0
123  set opt(rp)      ""
124  set opt(nn)      ""              ;# how many nodes are simulated
125  set opt(cp)      ""
126  set opt(sc)      ""
127  set opt(st)      ""              ;# simulation time
128  set tempsc       ""
129
130  handleopts $argc $argv
131  set test [new ManetSim]
```

Listing 2: manetsim.conf

```
1   NS2DIR=/opt/ns-allinone-2.29/ns-2.29
2   NS2BIN=$NS2DIR/ns
3   SETDEST=$NS2DIR/indep-utils/cmu-scen-gen/setdest/setdest
```

```
4   CBRGEN=$NS2DIR/indep-utils/cmu-scen-gen/cbrgen.tcl
5   SIMSCRIPT=/home/heisslera/doc/tw/BIC/SPZ/bakk1/simulation/manetsim.tcl
6   OUTDIR=/home/heisslera/doc/tw/BIC/SPZ/bakk1/simulation
7
8   PROTOS="AODV OLSR SWARM"      # available routing protocols
9   SIMULTIME=900          # sec
10  NODES=50          # nr of nodes
11  PAUSETIMES="0 30 60 120 300 600 900"      # pausetimes for rwp model
12  TRAFFICTYPE=cbr        # cbr, tcp
13  TRAFFICSOURCES="10 20 30"      # traffic sources
14  SPEEDMIN=1        # m/sec
15  SPEEDMAX=19       # m/sec
16  SENDRATE=4.0      # packets per second
17  PKTSIZE=64        # bytes
18  SEED=1        # random-seed
19  WIDTH=1500        # area width
20  HEIGHT=300        # area height
21  SIMRUNS=5        # number of simulation runs
```

Listing 3: setup-simulation.sh

```
1   #!/bin/bash
2
3   . ./manetsim.conf
4
5   mkdir -p $OUTDIR/{model,trace,data,plots,logs}
6
7   fp=$OUTDIR/model/traff-st
8   for tsource in $TRAFFICSOURCES; do
9       echo "Generating communication model (source $i) ..."
10      $NS2BIN $CBRGEN -type $TRAFFICTYPE -nn $NODES -seed $SEED -mc $tsource \
11          -rate $SENDRATE -pktsize $PKTSIZE \
12          > ${fp}${SIMULTIME}_nn${NODES}_tr${tsource}.cbr
13  done
14
15  fp=$OUTDIR/model/scen-st
16  for pause in $PAUSETIMES; do
17      run=0
18      while [ $run -lt $SIMRUNS ]; do
19          echo "Generating movement model (pt $pause) (r $run) ..."
20          $SETDEST -v 2 -n $NODES -s 1 -m $SPEEDMIN -M $SPEEDMAX \
21              -t $SIMULTIME -P 1 -p $pause -x $WIDTH -y $HEIGHT \
22              > ${fp}${SIMULTIME}_nn${NODES}_pt${pause}_${run}.mob
23          let run=run+1
24      done
25  done
```

Listing 4: run-simulation.sh

```
1   #!/bin/bash
2
3   . ./manetsim.conf
4
5   cp=$OUTDIR/model/traff-st
6   mp=$OUTDIR/model/scen-st
7   td=$OUTDIR/trace
8
9   for prot in $PROTOS; do
10      for tsource in $TRAFFICSOURCES; do
11          for pause in $PAUSETIMES; do
12              run=0
13              while [ $run -lt $SIMRUNS ]; do
14                  traff=${cp}${SIMULTIME}_nn${NODES}_tr${tsource}.$TRAFFICTYPE
15                  mobil=${mp}${SIMULTIME}_nn${NODES}_pt${pause}_${run}.mob
16                  trace=${prot}_nn${NODES}_tr${tsource}_pt${pause}_st${SIMULTIME}_sr${run}.tr
17                  $NS2BIN manetsim.tcl -rp $prot -cp $traff \
18                      -sc $mobil -sr $run -nn $NODES \
19                      -pt $pause -st $SIMULTIME \
20                      -x $WIDTH -y $HEIGHT -td $td -tr $trace
```

```
21              let  run=run+1
22           done
23        done
24     done
25  done
```

Listing 5: analyze-simulation.pl

```perl
 1  #!/usr/bin/perl
 2  use strict;
 3  use warnings;
 4
 5  my(@S) = (
 6      [ "pdr", "Packet delivery ratio (%)" ],
 7      [ "avgdelay", "Average end-to-end delay (sec)" ],
 8      [ "thrputpackets", "Throughput (packets/sec)" ],
 9      [ "thrputbits", "Throughput (bits/sec)" ],
10      [ "nrl", "Normalized routing load" ],
11      [ "routingoverhead", "Routing overhead (packets)" ],
12      [ "droppedpackets", "Number of dropped packets" ],
13      [ "nrflows", "Number of flows" ],
14      [ "optimalroute", "Optimal route (%)" ],
15  );
16
17  my($C) = read_conf("./manetsim.conf");
18  my(@protos) = split(/ /, $C->{'PROTOS'});
19  my(@trafficsources) = split(/ /, $C->{'TRAFFICSOURCES'});
20  my(@pausetimes) = split(/ /, $C->{'PAUSETIMES'});
21
22  foreach my $proto (@protos) {
23      foreach my $traffic (@trafficsources) {
24          my $out = "$C->{'OUTDIR'}/data/${proto}_nn$C->{'NODES'}".
25                    "_st$C->{'SIMULTIME'}_tr${traffic}_xl$C->{'WIDTH'}".
26                    "_yl$C->{'HEIGHT'}.dat";
27
28          open(RESULT, ">> $out")
29              or die("cannot write result file $out: $!\n");
30          print(RESULT "#pausetime:pdr:avg delay:throughput packet:".
31                       "throughput bits:nrl:ctrlpackets:".
32                       "dropped packets:flows\n");
33
34          foreach my $pausetime (@pausetimes) {
35              my($trace) = $C->{'OUTDIR'}.'/trace/'.$proto.'_nn'.
36                           $C->{'NODES'}.'_tr'.${traffic}.'_pt'.
37                           $pausetime.'_st'.$C->{'SIMULTIME'};
38              my($result) = &gen_perfdata($proto, $traffic,
39                                          $pausetime, $trace);
40
41              printf(RESULT "%.0f %.2f %.2f %.2f ".
42                            "%.2f %.2f %.0f %.0f %.0f %.2f\n",
43                     $pausetime, @$result);
44          }
45          close(RESULT);
46      }
47  }
48
49  foreach my $traffic (@trafficsources) {
50      for my $i ( 0 .. $#S ) {
51          my($col) = $i; $col += 2;
52          &plot_results($traffic, \@protos, $S[$i][1], $S[$i][0], $col);
53      }
54  }
55
56  sub gen_perfdata {
57      my($proto, $tr, $pt, $file) = @_;
58      my(@result);
59      my(@flows, @ctrl_packets, @sent_crtl_packets, @fwd_crtl_packets,
60         @dropped_packets, @pdr, @nrl, @delay, @throughput_packets,
61         @throughput_bits, @recv_crtl_packets, @optimal_route);
62
63      for(my $i = 0; $i < $C->{'SIMRUNS'}; $i++) {
```

```perl
64          my($file) = $file.'_sr'.$i.'.tr';
65          if(open(TRACE, "< $file")) {
66              my(@trace) = <TRACE>;
67              close(TRACE);
68
69              print('#' x80, "\n");
70              print("# $proto traffsrc, $tr ptime $pt (run $i)\n");
71              print('#' x80, "\n");
72
73              my(@resultrun) = &do_stats($proto, \@trace);
74
75              $flows[$i] = $resultrun[0];
76              $ctrl_packets[$i] = $resultrun[1] + $resultrun[2];
77              $fwd_crtl_packets[$i] = $resultrun[2];
78              $sent_crtl_packets[$i] = $resultrun[1];
79              $recv_crtl_packets[$i] = $resultrun[4];
80              $dropped_packets[$i] = $resultrun[5];
81              $pdr[$i] = $resultrun[6];
82              $nrl[$i] = $resultrun[7];
83              $delay[$i] = $resultrun[8];
84              $throughput_packets[$i] = $resultrun[9];
85              $throughput_bits[$i] = $resultrun[10];
86              $optimal_route[$i] = $resultrun[11];
87          }
88          else {
89              die("cannot read trace file $file: $!\n");
90          }
91      }
92
93      @result = (&calc_mean(\@pdr), &calc_mean(\@delay),
94              &calc_mean(\@throughput_packets), &calc_mean(\@throughput_bits),
95              &calc_mean(\@nrl), &calc_mean(\@ctrl_packets),
96              &calc_mean(\@dropped_packets), &calc_mean(\@flows),
97              &calc_mean(\@optimal_route));
98
99      return(\@result);
100 }
101
102 sub do_stats {
103     my($proto, $raw_data) = @_;
104     my($event_type);
105     my($time);
106     my($hop_src);
107     my($hop_dst);
108     my($network_lvl);
109     my($packet_type);
110     my($packet_length);
111     my($flow_id);
112     my($packet_id);
113     my($highest_packet_id) = -1;
114     my($highest_flow_id) = 0;
115     my(%start_time);
116     my(%end_time);
117     my(%start_flow);
118     my(%end_flow);
119     my($sent_crtl_packets) = 0;
120     my($fwd_crtl_packets) = 0;
121     my($recv_crtl_packets) = 0;
122     my($sent_packets) = 0;
123     my($recv_packets) = 0;
124     my($dropped_packets) = 0;
125     my($flows) = 0;
126     my(%size);
127     my($start);
128     my($end);
129     my($duration) = 0;
130     my($packet_nr) = 0;
131     my($total_delay) = 0;
132     my($total_bits) = 0;
133     my($pdr) = 0;
134     my($nrl) = 0;
```

```perl
135    my($throughput_packets) = 0;
136    my($throughput_bits) = 0;
137    my($average_delay) = 0;
138    my($total_crtl_packets);
139    my($optimal_route) = 0;
140    my($route_len) = 0;
141    my($route_opt) = 0;
142
143    foreach(@$raw_data) {
144        chomp;
145        my(@tokens) = split(/ /, $_);
146
147        # see http://www.isi.edu/nsnam/ns/doc/node186.html for an
148        # explaination ...
149        $event_type = $tokens[0]; # (s, f, r, d)
150        $time = $tokens[2]; # -t
151        $hop_src = $tokens[4]; # -Hs
152        $hop_dst = $tokens[6]; # -Hd
153        $network_lvl = $tokens[18]; # -Nl (RTR, MAC, AGT)
154        $packet_type = $tokens[34]; # -It (cbr, tcp, AODV, ...)
155        $packet_length = $tokens[36]; # -Il
156        $flow_id = $tokens[38]; # -If
157        $packet_id = $tokens[40]; # -Ii
158        #$route_len = $tokens[48]; # -Pf
159        #$route_opt = $tokens[50]; # -Po
160
161        # sanity checks
162        next if($time !~ /^-?\d*\./);
163        next if($event_type !~ /^[sfrd]$/);
164
165        # set number of not yet arrived packet in end_time array
166        my $c;
167        for ($c = $highest_packet_id + 1 ; $c <= $packet_id; $c++) {
168            $start_time{$c} = -1;
169            $end_time{$c} = -1;
170        }
171
172        # setting number of not yet arrived flows in end_time array
173        for ($c = $highest_flow_id + 1 ; $c <= $flow_id; $c++) {
174            $end_flow{$c} = -1;
175        }
176
177        # sent control packets for used routing algorithm
178        $sent_crtl_packets++ if($event_type eq "s"
179                and $network_lvl eq "RTR" and $packet_type eq $proto);
180
181        # forwarded control packets for used routing algorithm
182        $fwd_crtl_packets++ if($event_type eq "f"
183                and $network_lvl eq "RTR" and $packet_type eq $proto);
184
185        # received control packets for used routing algorithm
186        $recv_crtl_packets++ if($event_type eq "r"
187                and $network_lvl eq "RTR" and $packet_type eq $proto);
188
189        # sent data packets
190        if($event_type eq "s" and $network_lvl eq "AGT"
191                            and ($packet_type eq "tcp"
192                    or $packet_type eq "cbr")) {
193            $sent_packets++;
194            $flows++;
195        }
196
197        # received data packets
198        if($event_type eq "r" and $network_lvl eq "AGT"
199                            and ($packet_type eq "tcp"
200                    or $packet_type eq "cbr")) {
201            $recv_packets++;
202
203            # check for optimal route
204            if($tokens[50] < 16777215) {
205                $route_len += $tokens[48];
```

```
206                         $route_opt += $tokens[50];
207                 }
208             }
209
210         # sent agent packets
211         if(($start_time{$packet_id} == -1)
212             and ($network_lvl eq "AGT")) {
213                 $start_flow{$flow_id} = $time;
214                 $start_time{$packet_id} = $time;
215                 $size{$packet_id} = $packet_length;
216         }
217         # received agent packets
218         elsif($event_type eq "r" and $network_lvl eq "AGT") {
219                 $end_flow{$flow_id} = $time;
220                 $end_time{$packet_id} = $time;
221         }
222         # dropped packets
223         elsif($event_type eq "d")
224         {
225                 $end_flow{$flow_id} = -2;
226                 $end_time{$packet_id} = -2;
227                 $dropped_packets++;
228         }
229
230         $highest_packet_id = $packet_id
231             if($packet_id > $highest_packet_id);
232         $highest_flow_id = $flow_id
233             if($flow_id > $highest_flow_id);
234     }
235
236     if($highest_packet_id == 0) {
237         print("no packets processed ...\n");
238         #next;
239     }
240
241     # save throughput
242     for(my $pid = 0; $pid <= $highest_packet_id; $pid++) {
243         $start = $start_time{$pid};
244         $end = $end_time{$pid};
245
246         if($start > 0 and $end != -1 and $end != -2 and $end > $start) {
247             $duration += $end - $start;
248             $packet_nr++;
249             $flows++;
250             $total_bits += $size{$pid};
251         }
252     }
253
254     $total_delay = $duration;
255
256     # save the packet delivery ratio
257     $pdr = ($sent_packets != 0) ? ($recv_packets / $sent_packets) * 100 : 0;
258
259     # save normalized routing load
260     $nrl = ($recv_packets != 0)
261         ? (($sent_crtl_packets+$fwd_crtl_packets)/$recv_packets)*100
262         : 0;
263
264     # save troughput
265     if($duration and ($duration != 0)) {
266         $throughput_packets = $packet_nr / $duration;
267         $throughput_bits = $total_bits / $duration;
268     }
269     else {
270         $throughput_packets = 0;
271         $throughput_bits = 0;
272     }
273
274     # save average delay
275     if($flows != 0) {
276         $average_delay = $total_delay / $flows;
```

```perl
277        }
278        else {
279            $average_delay = 0;
280        }
281
282        # save the optimal route
283        $optimal_route = ($route_len != 0) ? ($route_opt / $route_len) * 100 : 0;
284
285        $total_crtl_packets = $sent_crtl_packets + $fwd_crtl_packets;
286
287        # print result to stdout
288        print <<EOT;
289 Flows:                      $flows
290 Duration:                   $duration
291 Sent Routing Packets:       $total_crtl_packets
292 Forwarded Routing Packets:  $fwd_crtl_packets
293 Sent Data Packets:          $sent_packets
294 Received Data Packets:      $recv_packets
295 Dropped Data Packets:       $dropped_packets
296 PDR:                        $pdr
297 NRL:                        $nrl
298 Average-Delay (sec):        $average_delay
299 Troughput (packets/sec):    $throughput_packets
300 Troughput (bits/sec):       $throughput_bits
301 Optimal route:              $optimal_route
302 EOT
303
304        return($flows, $total_crtl_packets, $fwd_crtl_packets, $sent_packets,
305               $recv_packets, $dropped_packets, $pdr, $nrl, $average_delay,
306               $throughput_packets, $throughput_bits, $optimal_route);
307 }
308
309 sub calc_mean {
310     my($metric) = @_;
311     my($i) = 0;
312     my($sum) = 0;
313
314     foreach my $x (@$metric) {
315         $sum += $x;
316         $i++;
317     }
318     $i = 1 if($i == 0);
319
320     return($sum / $i);
321 }
322
323 sub plot_results {
324     my($traffic, $protos, $ylabel, $name, $col) = @_;
325     my($gnuplot) = "set xlabel \"Pausetime (sec)\"\n".
326                    "set ylabel \"$ylabel\"\n".
327                    "set terminal postscript eps color colortext\n".
328                    "set output \"$C->{'OUTDIR'}/plots/$name$traffic.eps\"\n".
329                    "set key right bottom\n".
330                    "set size 1.0,0.8\n".
331                    "set style data linespoints\nplot";
332     my(@plot);
333     foreach my $proto (@$protos) {
334         my($data) = "\"$C->{'OUTDIR'}/data/${proto}_nn$C->{'NODES'}".
335                     "_st$C->{'SIMULTIME'}_tr${traffic}_xl$C->{'WIDTH'}".
336                     "_yl$C->{'HEIGHT'}.dat\"";
337         push(@plot, "$data using 1:$col title \"$proto\"");
338     }
339     system("gnuplot <<!\n$gnuplot".join(',', @plot));
340 }
341
342 sub read_conf {
343     my($file) = shift;
344     my(%config) = ();
345     open(CONFIG, "< $file") or die("cannot open config $file: $!\n");
346     while(<CONFIG>) {
347         chomp;
```

```
348        s/#.*//;
349        s/^\s+//;
350        s/\s+$//;
351        s/\"//g;
352        next unless length;
353        my($var, $value) = split(/\s*=\s*/, $_, 2);
354        $config{$var} = $value;
355    }
356    close(CONFIG);
357
358    return(\%config);
359 }
```